Reisegruppe Unjewiss

Von Haifa bis nach Amsterdam mit Union Berlin

Mark Scheppert und El Rubio

Bibliografische Information der Deutschen Nationalbibliothek: Die Deutsche Nationalbibliothek verzeichnet diese Publikation in der Deutschen Nationalbibliografie; detaillierte bibliografische Daten sind im Internet über dnb.dnb.de abrufbar.

© 2023 Mark Scheppert

Umschlaggestaltung: K. v. Günner
Satz: D. Werk
Bild Seite 7 (Logo): Flo Weiß
Herstellung und Verlag: BoD – Books on Demand, Norderstedt

ISBN: 978-3-7578-0834-1

Inhalt

Der Autor
Mark Scheppert wurde 1971 geboren und lebt seither in Berlin-Friedrichshain.
Er war Gärtner, Möbelträger, Student, Sachbearbeiter, Küchenhilfe, Erntehelfer, Forsthelfer, Fahrrad-Codierer, Vertreter, Postmitarbeiter, Anzeigenverkäufer und Marketingmanager. Doch all das fand er kein bisschen spannend.

Deshalb begann er irgendwann, nebenher ein paar Zeilen zu schreiben und wurde 2009 Mitglied der Lesebühne „Die Unerhörten".

Mit seinem Buch „Mauergewinner", welches monatelang die BoD-Bestsellerliste anführte, gelang ihm sofort ein beachtlicher Erfolg. Auch seine Fußballromane „90 Minuten Südamerika" und „113 Minuten Brasilien" erhielten gute Kritiken.
In „Einheit Unnormal" drehte sich erstmals alles um den 1. FC Union Berlin und seine verrückten Fans. Mit „Reisegruppe Unjewiss" gibt es nun mehr davon, denn Union spielt in Europa und die trinkfeste Truppe ist auch international dabei.
www.markscheppert.de

Erhältliche Titel: „Mauergewinner"; „Alles ganz simpel"; „Koalaland"; „Leninplatz"; „90 Minuten Südamerika"; „Einheit Unnormal"; „113 Minuten Brasilien"

„Das sind die Momente, wo ich, wenn ich es könnte, mir wünschen würde, dass sie nie vergehen!
Liebe gute alte Zeit, bleib ein bisschen stehen.
Ruh dich aus für eine Weile, denn es ist grad so schön. Lasst uns hier und heute bleiben, halt die Uhren alle an.
Diesen Augenblick wollen wir die nächsten 100 Jahre lang.“

--- Dritte Wahl ---

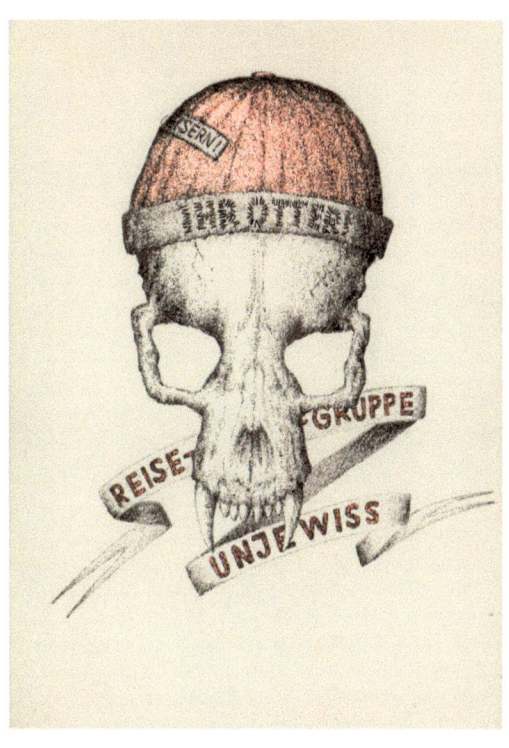

Endlich wieder Union

Eine Katastrophe: Mein Buch „Einheit Unnormal" endete mit den Ereignissen rund um das 2 : 2 des 1. FC Union Berlin gegen den VfL Wolfsburg im März 2020 eigentlich nur deshalb so abrupt, weil es für lange Zeit mein letztes Stadionerlebnis gewesen war.

Nein, ich war nicht plötzlich vom eisernen Weg abgekommen, oder hatte das Interesse am Fußball verloren. Es gab einfach nichts mehr zu erzählen.

Ein Virus, namens Corona, hatte sich ausgebreitet und verhinderte, neben vielen anderen lebenswerten Dingen, für schier endlose Monate, das Erlebnis eines Stadionbesuches.

Ich wurde in jener Zeit kein Querdenker, Corona-Leugner oder Wutbürger, aber als eingefleischter Fußball-Querulant konnte ich nicht leugnen, dass ich meine wilde Wut (auf den ganzen Alltagsscheiß) nun nirgendwo mehr kanalisieren konnte.

Es fehlte dieser befreiende Schrei, wenn das Spiel beginnt und der Rausch, wenn ich meinen Freunden nach einem Tor in den Armen liege. Ein geileres Erlebnis gibt es für einen Fußballfan nun einmal nicht. Und keinen größeren Rausch. Union ist eine unvergleichliche Droge.

Okay, es gab etliche „Kranke", die die Geisterspiele des 1. FCU im Wald hinter der Alten Försterei am Radio verfolgten, lautstark Support gaben und nach Toren Leuchtfeuer zündeten. Ich gehörte nicht dazu.

Wir trafen uns – trotz Kontaktverboten – zu Fußballabenden bei jemandem zu Hause. Dort war es etwas leichter für mich, den eigenen Frust zu ertragen, weil ich spürte, dass meine Freunde auch nicht gerade glücklich waren.

Einmal fuhr ich mit dem Fahrrad und drei Bieren im Gepäck zur geschlossenen „Abseitsfalle", setzte mich vor unserem Stammtisch in die Sonne, schloss die Augen und hörte die Bundesliga-Konferenz.
Ich sah dabei wahrscheinlich aus, wie die Amsel vor meinem Fenster, die versucht, etwas ausbrüten und nicht merkt, dass ihr Ei längst von Elstern gestohlen wurde. Unser Stadion war so nah, sah aber aus wie der Mond, den man nur mit einem Raumschiff erreichen kann.

Wir alle erleben Momente, an denen wir alles hinschmeißen wollen, an denen wir nicht wissen, wozu wir überhaupt arbeiten gehen und wir uns fragen, wie lange wir die ganze Scheiße ohne Fußball im Stadion noch durchhalten können. Das Unglaubliche daran ist, dass wir dies sehr wohl können, ohne komplett durchzudrehen. Irgendwann betrat ich den Mond!

Corona verflüchtigte sich allmählich und die „Reisegruppe Unjewiss", wie wir uns seit 2021 nennen, durfte endlich wieder in die Alte Försterei. Selbst auswärts konnten wir alsbald marodierend um die Häuser ziehen. Es fühlte sich an wie eine Neugeburt.

Was zu diesem Zeitpunkt allerdings noch niemand ahnen konnte: Der 1. FC Union Berlin bescherte uns seither, sportlich und emotional, die größten Erfolge der Vereinsgeschichte: Einzug in die Europa Conference League,

DFB-Pokalhalbfinale, Europa League Teilnahme, Dauer-Stadtmeister, Spitzenreiter der 1. Fußball-Bundesliga und unzählige Momente des krassen Augenblickglücks.

Schon klar, jeder dahergelaufene Erfolgsfan konnte unsere Mannschaft in dieser Zeit lieben und sobald Union wieder zu verlieren beginnt, werden sich einige von ihnen einfach achselzuckend abwenden.

Es geht in diesem Buch jedoch um Menschen, die den kompletten Fußballclub Union Berlin lieben, angefangen bei den Junioren, über die Frauen, den Trainer- und Betreuerstab, bis hin zu den Bratwurst-Verkäuferinnen und den Ordnern am Einlass.

Es geht um Leute, die jede einzelne Betonstufe, jeden Wellenbrecher, jeden Grashalm und jeden randvollen Bierbecher im Stadion An der Alten Försterei vergöttern.

In der „Reisegruppe Unjewiss" gehören alle dieser Spezies an. Es sind die Menschen, die unseren Club prägen und zusammenhalten.

Die (für mich) emotionalsten Geschichten, seit den Geisterspielen, habe ich in diesem Buch festgehalten. Tausend Dank an meine Freunde und die gesamte Unionfamilie für diese fantastische Zeit.

Eisern Union!
El Rubio

Haifa, Haifa – Duschkabine!

Ich drehe durch: Der glorreiche 1. FC Union spielt nach 20 Jahren wieder auf internationaler Bühne! 2001 schaffte der Club, als DFB-Pokalfinalist, den Einzug in den UEFA-Cup. Die Europareise endete damals (mit den volltrunkenen Herren Rührer und Stoni vor Ort) in der zweiten Runde bei den Bulgaren von Litex Lovech.

In der Saison 2020/2021 landete Union sensationell auf Platz 7 der 1. Fußball-Bundesliga, wodurch man sich erneut international qualifizierte. Allerdings hat das diesmal ein paar Schönheitsfehler.

Zum einen handelt es sich um einen neu geschaffenen Wettbewerb. Max Kruse sagte im Vorfeld: „Europa League hätte ich Bock drauf. Europa Conference League hätte ich keinen Bock drauf. Ich weiß noch nicht einmal, was das ist."

Die neue internationale Liga der UEFA soll (angeblich) auch kleineren Ländern die Möglichkeit geben, sich mit anderen Nationen zu messen. Union muss sich zunächst sogar für die Vorrunde gegen Kuopion PS aus Finnland qualifizieren, was jedoch problemlos gelingt.

Die zugelosten Gegner sind dann mit Slavia Prag, Feyenoord Rotterdam und Maccabi Haifa aber überraschend attraktiv.

Das zweite Problem: Wir befinden uns gerade in der Hochphase einer Pandemie, namens Corona, welche das Reisen in andere Länder immens erschwert. Und gerade die Auswärtspartien sind Sehnsuchtsorte.

Drittes Manko: Alle Heimspiele werden im Berliner Olympiastadion ausgetragen. Selbst die Fans der dicken Tante

Bertha wollen dort längst nicht mehr spielen und Union muss hier antreten, weil die Auflagen der UEFA besagen, dass die Alte Försterei zu wenig Sitzplätze hat.

Auswärts gibt es sportlich bei Slavia und Feyenoord (dort auch von den Bullen) auf die Fresse, aber zumindest in Prag fackeln tausende Unioner die Hütte fast ab.

Daheim sind die Partien im zugigen Olympiastadion gar nicht mal so kacke. Viele tragen in der „Schüssel" das gegen die Finnen verteilte Motto-Shirt mit der Aufschrift: „Auf zum Schüsselspiel". Die LED-Lampen im Stadion sind auf Rot programmiert und auch die Stadionlaufbahn ist rot, statt blau. Wir bringen die rot-weiß-beflaggte Arena im Westend, trotz Kapazitäts-Beschränkung, ordentlich ins Wanken. Und fast so laut wie in Köpenick, sind wir eigentlich auch.

Dennoch ist vor dem Spiel in Haifa, nach nur drei gewonnenen Punkten klar, dass Union dort unbedingt gewinnen muss, um sich die Chance aufs Weiterkommen zu bewahren.

Fünf Tage vor der Abreise erhalte ich ein Paket. Darin ist ein rotes T-Shirt mit der weißen Aufschrift: „Reisegruppe Unjewiss". Geil! Haue hatte es an alle Mitreisenden gesandt. Die Vorfreude steigt maßlos.

Leider wird das Teil von Trueman in Frage gestellt: „Unjewiss" könnte auch als „Unjewish" (nicht jüdisch) interpretiert werden, was gerade in Israel für Unmut sorgen würde. Schweren Herzens lassen wir das Oberteil zu Hause.

Am 24.11.2021 klingelt um 3:30 Uhr der Wecker. Um 3:50 Uhr habe ich drei Anrufe in Abwesenheit, weil ich duschen war. Ich erfahre, dass der aufgeregte Rührer spontan über Carsharing ein Auto gemietet hat und Zille, Trueman, Rambo und mich einsammeln will.

Ich rufe zurück: „Rührer! Ich laufe fünf Minuten zum Ostkreuz, fahre 17 Minuten mit dem Regio und steige direkt am Terminal 1 wieder aus. Danke der Nachfrage, bis später!"

Ich mag es nicht, wenn mein morgendlicher Plan durcheinandergerät.

25 Minuten vor der Carsharing-Crew bin ich am neuen Hauptstadtflughafen.

Dort treffe ich die „Sektion Erfurt". Ich kenne sie bisher lediglich aus legendären Geschichten, die über die Strolche im Umlauf sind. Über Glitter hörte ich, dass er ununterbrochen labern soll und ich weiß nicht, ob er mir damit schon am ersten Tag auf den Sack geht. Jedenfalls trägt er lustige Gary-Glitter-Klamotten aus den 80igern, inklusive Schiebermütze und ein rotes T-Shirt mit der Aufschrift: „Reisegruppe Unjewiss". Grandiose Kommunikation!

Außerdem sieht er verpennt aus und trinkt eine Dose Berliner Pilsner. „El Rubio, ich freu mich so dermaßen, dich kennenzulernen. Du willst auch eins, gell?", fragt er. Ich muss lachen, schüttele aber um 4 : 40 Uhr den Kopf.

Auch Jaschin scheint, trotz Jogginghose, ein angenehmer Zeitgenosse zu sein. Seine Eltern sind Russland-Deutsche, daher der Spitzname. Er fragt: „Wos flonnsd nor?" (Warum lachst du?), im tiefstem Thüringischen Dialekt. „Na guck dir mal Glitter an, der säuft schon!" Jaschin versteht nur Bahnhof und zieht sich selbst eine Bierdose auf.

Auch Jaschins hübsche, schwarzhaarige Freundin Nina ist ein Goldstück, besonders wenn sie lächelt, was jedoch erst zwei Stunden vor Abflug geschieht, als ihr PCR-Test endlich da ist. Wird trotzdem hart für sie als einzige Frau', denke ich, als die restliche Berliner Bande freudestrahlend eintrifft.

Am Easyjet-Schalter lassen wir unsere „Unterlagen" abzeichnen, da wir (bis auf Glitter) alle nur Handgepäck haben und am Gate dann nicht mehr kontrolliert werden. „Nur für ein Land braucht man derzeit mehr Dinge zur Einreise", erklärt uns der Typ vom Check-In, ohne dieses zu nennen. Wir haben alle acht (!) benötigten Bescheinigungen zur Hand.

Durch die Sicherheitsschleusen kommen wir halbwegs zügig und im Duty-Free kauft jeder noch eine Literflasche hochprozentigen Alkohol und eine Stange Zigaretten, da diese Güter in Israel arschteuer sein sollen.

Natürlich trödeln wir danach, weil es im BER eine Raucher-Lounge gibt. Was wir nicht wissen: Bei Flügen nach Israel muss man durch eine zweite Sicherheitsschleuse, die es in sich hat.

Ausgerechnet meine Flasche Wodka wird dort als „hochgefährlich" vom Scanner eingestuft. Eine bewaffnete Beamtin muss sie zur Überprüfung in eine Apparatur legen, die auch für Atomsprengköpfe geeignet wäre – und lässt sie beim Entnehmen versehentlich fallen. Splitter! Knall!

Ich bin aufgrund der vorangeschrittenen Zeit angespannt, aber der Rührer brüllt: „Jetzt holst du dem El Rubio mal fix 'ne neue Pulle, Kollegin!"

Die Kontrolleurin sprintet tatsächlich los und besorgt mir aus dem Duty-Free Ersatz. Als zum Boarding aufgerufen wird, bin ich endlich am Gate.

Der Flug ist unspektakulär. Mit an Bord sind ein paar Ultras, einige echte Kanten und viele ältere Unioner, die sich das Spiel auf keinen Fall entgehen lassen wollen. Die meisten schlafen, weil sie in der Nacht kaum dazu gekommen waren, die Erfurter sowieso nicht. Niemand gibt sich dem Teufel Alkohol hin, außer die zwei Typen direkt hinter mir, die sich eine komplette Pulle Whiskey reinknallen mit der Begründung: „Beim Saufen muss man die Maske wenigstens nicht tragen."

Danach seiern die vollsteifen Jungs nur noch sinnfreies Zeug. Sie scheinen keine Sorge, vor der Einreise in Israel zu haben.

Zurecht, denn diese ist, entgegen allen Berichten, ein Witz. Man muss sich an einem Scanner-Automaten einen Visums-Schnipsel ziehen und diesen zusammen mit seinem Reisepass an der Passkontrolle vorlegen.

Okay, wir werden gefragt: „Warum reisen Sie nach Israel?" Der Typ vor uns sagt: „Ich will Gott begegnen", und wird in ein dunkles Kämmerchen zur weiteren Klärung geleitet.

Zille antwortet entspannt: „Wir wollen zum Fußball nach Haifa", was wohl schon etliche Unioner vor uns gebeichtet hatten. „Die hinter dir auch?", fragt die freundliche Beamtin. Wir nicken und dürfen alle zusammen die Pässe abstempeln lassen.

Kein PCR-Test, keine Auslands-Krankenversicherung, kein Green-Pass und auch nicht der Impf-Status werden hinterfragt. Witz komm raus, du bist umzingelt.

Den Corona-PCR-Test nach der Einreise wollen wir dennoch nicht umgehen, weil wir nicht wissen, wie ernst sie die Kontrollen im Land nehmen. Außerdem dürfen wir unser

Hotel eigentlich erst nach einem negativen Bescheid wieder verlassen.

In der riesigen Halle verlieren wir uns aus den Augen, aber nach erfolgter Rachenbohrung treffen wir uns alle hinter dem Ausgang wieder. Wir sind in Israel. Erste Etappe geschafft. Eisern!

Überraschenderweise sitzt Glitter dort schon auf einer Bank, obwohl er Aufgabegepäck hatte und trinkt mit Haue, der aus Wien eingetroffen war, leckeres Berliner Pilsner aus der Dose.

Ich schaue Glitter mit fragendem Blick an. „Das Bier gibt's dort hinten am Automaten!", ruft er richtungsweisend – und ich laufe im Wachkoma tatsächlich zum Getränke-Glaskasten, bis ich kapiere: Er hat mich verarscht. Berliner Pilsner!

Das Bier hatte er in seinem braunen 80er-Jahre Koffer eingeführt.

Der wiederum ist komplett im Arsch. Das Ding sieht aus, als hätten sie ihn von außen aufgeschlitzt. Aber der israelische Geheimdienst scheint cool zu sein: Die Pulle Rum, alle drei Schlüpfer und die beiden Dosen Bier wurden nicht konfisziert. Rambo kommt als Letzter und sagt: „Moin!" Immerhin sein erstes Wort auf dieser Reise.

Nina, Jaschin, Trueman und der Rührer gehen zu SIXT, um den Bus abzuholen, während wir uns eine Zigarette anstecken und warten.

Eine hübsche, blonde Frau haut mich von der Seite an und ruft: „Schön dich zu sehen!" Ich kenne sie nicht.

„Wir haben uns doch letzten Samstag nach dem 2 : 0 gegen Hertha an der Abseitsfalle kennengelernt!", murmelt sie ein wenig enttäuscht.

Nach all den „Stadtmeister"-Bieren hätte an diesem Tag auch eine junge Pamela Anderson neben mir stehen können und ich wäre mir dessen heute nicht mehr bewusst.

Ich tausche mit Conny Telefonnummern aus. Die süße Endzwanzigerin ist allein unterwegs, bleibt für eine Nacht in Tel Aviv und reist dann erst morgen nach Haifa zum Unionspiel.

Nach einer Stunde kommt Trueman endlich mit einem weißen Renault-Transporter vorgefahren und sackt uns ein. Obwohl sich der Rührer vorgedrängelt hatte, mussten sie unfassbar viel Zeugs ausfüllen und den Wagen dann auch noch außerhalb des Flughafens abholen. Egal, jetzt sind sie ja da. Ein Unionschal wird an den rechten Außenspiegel gebunden. Die Auswärtstour der „Reisegruppe Unjewiss" kann beginnen!

Trueman fährt mit der Begründung: „Sonst schieße ich mich ja sofort ab", was nicht ganz stimmt, denn wir anderen haben auch kein Fahrtbier. Spätestens im zweiten Stau vor Netanja wird das zum echten Problem.

Der Rührer ruft so laut, als säße er auf dem Rücksitz einhundert Meter vom Fahrer entfernt, dass er Durst habe. Alsbald brüllen sieben Jungs, dass Trueman endlich mal rausfahren soll. Als Jaschin dann fast ins Lenkrad greift, biegen wir ab.

Wir haben Glück, denn es ist ein Rastplatz mit Kiosken, wo man auch Gerstensaft kaufen kann. Die Bierpreise sind mit vier Euro pro 0,33 Liter Pulle allerdings sportlich, wobei das situationsbedingt keine Rolle spielt. Mehrere Sixpacks wechseln den Besitzer.

Ich schaue auf mein Handy: Eine neue Nachricht – allerdings auf Hebräisch. ‚Bestimmt mein PCR-Test-Ergebnis', denke ich. Euphorisch laufe ich zu einem Pärchen, das mit uns auf dem Parkplatz rumlungert und frage, ob sie es übersetzen können.

Ihre Antwort: „Also eigentlich steht dort, dass du dich in Israel gerade in Quarantäne befindest und dich erst nach Erhalt deines PCR-Tests nach draußen begeben darfst." Aua! „Deine Freunde sicherlich auch?", fragen sie. Zum Glück grinsen die beiden und meine Truppe bekommt sich gar nicht mehr ein, ob meiner Blödheit.

Haue ruft derweil: „Ich habe gerade mein PCR-Ergebnis bekommen. Aus Österreich. Negativ!" Nach vorsichtiger Nachfrage erklärt er, dass sie ihn weder in Wien am Flughafen noch in Tel Aviv danach gefragt hätten, aber jetzt wäre es ja da. Rambo murmelt: „Ist nicht wahr", sein erster vollständiger Satz in Israel.

Gut gelaunt erreichen wir das hügelige Haifa und können von einer kurvigen Highway-Konstruktion einen ersten Blick auf das beleuchtete Sammy-Ofer-Stadion erhaschen. Unser Hostel Roks liegt oberhalb der Altstadt und wird mit Handy-Navi recht bald gefunden.

Das Haus, in dem wir die nächsten zwei Tage nächtigen wollen, sieht von außen schäbig aus. Alex (der Vermieter) hatte dem Rührer für die Tür einen Zahlencode geschickt, den er natürlich nicht gleich findet. Er lautet: 1-2-4-8. Eigentlich leicht zu merken, wenn man mal kurz darüber nachdenkt.

Und dann die Überraschung im 4. Stock: Die Bude ist wunderschön! Sie hat nur sieben Zimmer, wovon wir fünf belegen. Die modern eingerichteten Räume gehen von einem gemütlichen Gemeinschafts-Wohnzimmer ab und eine Küche gibt es auch.

Alle Klos und Duschen sind zwar auf dem Gang, aber wir haben jeweils drei davon.

Von zwei unserer Zimmer gelangt man auf eine bestuhlte Außenterrasse mit Blick auf die Dächer der Altstadt. Sogar eine Palme und mediterranes Grün gibt es hier. Der Rührer und ich tauschen Blicke aus, nach dem Motto: „Schwein gehabt", da wir die Hütte im Vollrausch im Berliner „RockZ", nur wegen des Namens gebucht hatten.

Nachdem sich alle verteilt haben, gehen drei Jungs verbotenerweise raus, um zwei Stiegen Bier zu kaufen. Danach gammeln wir in der November-Abenddämmerung bei 20 Grad auf der Terrasse herum und warten auf das PCR-Ergebnis. Alle strahlen vor Glück, bis das Telefon von Billy klingelt.

Der Vermieter ist dran und erklärt ihm, dass seine Kreditkarte nicht funktioniert. Irgendwann heißt es: Er kommt kurz vorbei.

Alex ist jünger als wir und eingewanderter russischer Jude. Jaschin kann mit ihm perfekt kommunizieren. Er erklärt, wo wir kostenneutrale Kaffee-Pads und Milch finden und auch, dass die Dusche Nummer 1 derzeit geschlossen ist, da es dort ein Problem gab. Kein Ding: Zwei Duschen und drei Klos reichen locker für die verschwitzte Kackbande.

Der Rührer hatte eine abgelaufene Kreditkarte bei „Booking" hinterlegt, doch Zille kramt seelenruhig 720 € in bar aus seiner Jacke und überreicht sie Alex. So werden in

Israel Geschäfte gemacht! Nach einem von uns spendierten 100-Gramm-Wodka düst er wieder ab.

Bei einem Pegelstand von 1,5 Promille bekommen alle ihren (negativen) PCR-Bescheid. Nur Haue erhält nichts. Egal – wir haben jetzt Hunger!

Trueman hat derweil alkoholtechnisch aufgeholt und uns beschwipst einen Tisch in einem Restaurant reserviert. In Tel Aviv (statt in Haifa!), wie sich alsbald herausstellt, als wir den Laden bei Google Maps suchen. Rambo schüttelt den Kopf und murmelt erneut: „Ist nicht wahr."

Plan B ist ein arabischer Imbiss, 100 Meter vom Hostel entfernt. Die neun Schawarma mit scharfer Soße, zu 7 € pro Fleischfladenbrot, munden vorzüglich und der zuvorkommende Inhaber erlaubt uns sogar, mitgebrachtes Bier an den Plastiktischen zu trinken. Es ist das Touristen-Geschäft seines Lebens im Jahr 2021, da wir anscheinend die ersten Ausländer seit vielen Monaten bei ihm sind.

Wenngleich besonders die Sektionen Erfurt und Österreich müde sind, überzeugen wir sie, auf einen Absacker in die Altstadt mitzukommen. Wir realisieren erstmals, dass wir direkt an einer U-Bahn-Station wohnen. Dennoch laufen wir hinunter nach Downtown und machen auf dem Weg erste Poser-Fotos für die Daheimgebliebenen.

Siebzig Höhenmeter tiefer sind wir auf Meeresniveau. Ich entdecke an einer grauen Häuserwand ein Graffiti mit dem Schriftzug: „Maccabi Haifa". Auch dieses Foto geht viral mit dem Spruch: „Hier regiert der FCU!"

In der Altstadt gibt es etliche Kneipen und Bars. Wir

entscheiden uns für eine Art Irish Pub, weil wir dort für alle draußen Platz finden. Auch hier ist die gemischte Belegschaft herzallerliebst.

Haifa gilt als Stadt, in der Juden und Araber vergleichsweise friedlich zusammenleben. Die arabischstämmigen Jungs drücken sogar Union die Daumen, weil sie Anhänger von Hapoel Haifa sind und Maccabi ablehnen.

Nur ein paar versprengte Berliner laufen vorbei, da die Mehrzahl heute in Partytown Tel Aviv abhängt. Die Jungs erkennen ihresgleichen und grüßen mit: „Eisern!"

Es ist noch immer eine laue Nacht in der nun Raki geordert wird, weil er mit vier Euro pro Glas günstiger als Bier ist. „Hätte ich mir teurer vorgestellt", ruft Haue. „Du darfst noch gar nicht draußen sein", antworte ich grinsend.

Zille kippt mit seinem Plastikstuhl nach hinten um, rappelt sich wieder hoch und setzt sich hin, als wäre nichts geschehen. Trueman wedelt derweil mit den Armen in Richtung Kellner, zum Zeichen, dass er nichts mehr trinken will. Es wird als eine neue Runde Raki missinterpretiert. Jaschin ruft „Nastrowje!", Rambo grinst nur noch.

Zurück fahren wir mit der einzigen U-Bahn, die es in Israel gibt. Eigentlich ist es eine Standseilbahn, welche auf sechs Stationen 275 Höhenmeter am Nordhang des Karmel-Gebirges zu bewältigen hat. Sie ist damit eine der kürzesten Untergrund-Bahnen der Welt. Wir werden nur eine Station am Seil hochgezogen, weil wir dort wohnen. Die Thüringer staunen trotzdem, wie Ossis nach dem Genuss ihrer ersten Banane.

Noch immer grüßen uns alle Einheimischen mit einem

eingemeißelten Lächeln. Trueman, der voran wankt, hat sich den Code für die Eingangstür weggesoffen. „Einfach nur verdoppeln, 1-2-4-8", meckert Haue. Zeit für einen Absacker auf unserer Terrasse.

Glitter bekommt einen Laberflash. Die alten Geschichten, in denen Zille und der Rührer bei Erfurter Partys aufgetaucht und meistens (insbesondere frauentechnisch) komplett freigedreht sind, finde ich ausnahmslos lustig.

Auch Nina muss ansteckend lachen. Sie war früher wohl auch kein Kind von Traurigkeit. Gegen 2 Uhr dann endlich: Schlaf der Gerechten.

Am nächsten Morgen ist es unangenehm, dass ausgerechnet Trueman und ich im Durchgangszimmer zur Terrasse pennen, da schon ab 8 Uhr die ersten Wachkoma-Patienten durchtrampeln.

Und Nina, so gerne ich sie mag, kann um diese Zeit schon ordentlich sabbeln. Wie auch immer, der ruhige Jaschin holt vom Araber fantastisch riechendes Brot, Nina versorgt uns mit Kaffee und die Sonne strahlt uns schon wieder ins hässliche Unioner-Gesicht.

Plötzlich gibt es einen urst lauten Knall. Es klingt so, als wäre gerade jemand durch eine große Fensterfront geflogen, die dabei implodiert ist. Zehn Sekunden später kommt Glitter angerannt: „Da ist gerade richtige Scheiße passiert. Haue hat sich ..."

Wir springen auf und rennen ihm hinterher. Im Bad steht unser Freund nackt in der Dusche und blutet aus mindestens 50 Wunden. In seinem Körper stecken unzählige Glasscherben. Duschkabine 1 ist komplett zertrümmert. Ein episches Schlachtfeld. „Ich wollte doch nur wieder rauskommen", ruft Haue und dann: „Gibt's noch Kaffee?"

Letztendlich war folgendes geschehen: Zille hatte, weil „ihm das alles zu blöd war", die verschlossene Duschkabine 1 mit einem 10-Cent-Stück aufgeschlossen. Er hatte sich der Körperhygiene gewidmet und danach war Haue dort hineinspaziert.

Dieser ist – nach seinem Starkstrom-Unfall vor ein paar Jahren – nicht mehr im Vollbesitz aller Gliedmaßen. Egal, auch ich hätte an der gläsernen Tür mit allen zehn Fingern, wie behindert, gezogen, wenn ich sie von innen nicht mehr aufbekommen hätte. Das Ende vom Lied: 10.000 Scherben.

Ein Verletzter noch weit vor Spielbeginn des glorreichen FCU – und es ist nicht einmal der Rührer!

Während Zille kurz fegt und die Duschkabine dann einfach wieder zumacht, zieht sich Haue einen Schlüpfer an und wird auf der Terrasse fachmännisch verarztet. Nina, die eigentlich kein Blut sehen kann, holt eine Pinzette und Feuchttücher, während Jaschin russischen Wodka zum Desinfizieren bereitstellt. Und der namensgebende „Rührer" zieht mit einer Arschruhe sämtliche Splitter aus Haues zerschundenem Körper, währenddessen dieser lächelnd Kaffee trinkt.

Bei seinem damaligen Unfall hatte er eine Überlebenschance von zehn Prozent, heute liegt sie bei 100. Der Junge kann sowas ab.

Deshalb sage ich beim Betrachten seiner Fußsohlen: „Nur zehn Splitter, da kannst du ja wohl noch laufen." Haue antwortet gewohnt trocken: „Harry, ähm Trueman, hol schon mal den Wagen!"

Wir düsen in südliche Richtung an einen Strandabschnitt.

Rechts am Horizont sieht man die alte Hafenstadt, die sich an das Karmel-Gebirge schmiegt, hinter uns liegt das Sammy-Ofer-Stadion und vor uns breitet sich weißer Sandstrand vor türkisfarbenem Mittelmeer aus. Die Karibik Israels.

Wir sind allein und finden unter Schirmen ein Plätzchen im Schatten, denn heute, am 25. November, haben wir windstille 24 Grad.

Nachdem wir die roten Shirts in den Sand geworfen haben, sehen wir zwar aus wie eine Gruppe gestrandeter Beluga-Wale, aber wir stören mit unserem Anblick ja niemanden. Dann rennen wir kreischend ins Meer.

Selbst das Wasser ist angenehm warm. Es ist, in diesem Corona-Scheißjahr 2021, ein magischer Moment.

Eigentlich wollte ich immer nach Sevilla, sollte Union jemals in Europa spielen, aber Haifa ist im November wahrscheinlich dreimal geiler.

Der Rührer hatte vor Abfahrt noch 20 eiskalte Dosenbiere bei unserem arabischen Späti-Dealer gekauft. Wenngleich dabei alle mit den Augen gerollt hatten, sitzen wir nun im knietiefen Wasser und prosten ihm pflichtschuldig zu. Splitter-Haue macht Fotos und an Land hören wir: „Ich, am Strand" von den *Ärzten* auf der Bluetooth-Box.

Was für ein grandioser Tag – vor einem Fußballspiel mit Union-Beteiligung.

Natürlich reichen die Biere nicht. Haue humpelt zu einem in der Nähe gelegenen Kiosk und kauft zwei Tüten neuer Maurerpatronen.

Eine Truppe, bestehend aus fünf muskulösen Union-Alt-Hauern, läuft vorbei. Sie grüßen freundlich und einer fragt: „Wo habt ihr denn das Bier her?"

„Von dahinten, aber jetzt haben sie kein kaltes mehr", sagt Haue achselzuckend. Der Klopper grinst und ruft: „Weitermachen. Eisern!"

Obwohl unser Spiel gegen Maccabi direkt um die Ecke stattfindet, fahren wir zurück ins Hostel. Die Salzkruste muss ab und die Tickets hat auch niemand dabei. Und Trueman, obwohl er als Fahrer nur zwei Bier getrunken hatte, weiß den Eingangscode zum „Roks" noch immer nicht.

Alle tragen alsbald Stadionklamotten und rot-weiße Schals schützen die sonnenverbrannten Union-Hälse bei noch immer 22 Grad. Der Rührer bestimmt irgendwann: „Reisegruppe Unjewiss: Abmarsch!"

Wir kaufen Fuß-Pils und sind überrascht, wie freundlich uns die heimische Bevölkerung den erhobenen Daumen entgegenstreckt.

Trueman stoppt an einer Apotheke, um etwas zu kaufen und holt sich danach an einem Kiosk noch vier 0,2-Liter Tetra Pak Wasser. Was für ein Business-Punk!

Gegen 16 Uhr entern wir ein arabisches Restaurant in der Nähe der Treppen, die zu den weltberühmten, hängenden Gärten von Bahai am „Berg des Herren" führen. Aber wir sind ja nicht zum Sightseeing gekommen, sondern zum Sport.

Auch die Bedienung im „El Yakhour House" ist herzallerliebst. Der Chef macht sogleich Fotos, damit er mit freudetrunkenen, Fassbier trinkenden Unionern aus Berlin auf seiner Facebook-Seite angeben kann.

Wir staunen, wie grandios Falafel, Fattoush, Döner und Hummus in einem Imbiss in Israel schmecken können. Knutschen fällt heute allerdings aus, es sei denn die israelische Schönheit hat einen Knoblauch-Fetisch.

Marx meldet sich im Chat: „Der Adler ist gelandet. Wir sind kurz vor Haifa. Hat alles ewig gedauert. Da sind vielleicht ein paar Kunden dabei!"

„Wir sehen uns im Stadion", schreibt Haue. Marx, Kissi und WITZEL müssen jetzt noch mit der Eisernen V.I.R.U.S.-Truppe auf ihre PCR-Ergebnisse im Hotel warten.

Unsere Freunde hatten die Kurzreise über den Fanverein des FCU gebucht, die uns im Vorfeld jedoch zu stressig und zu teuer erschien.

„Das wird knapp. Und wir waren sogar schon baden", schwärmt eine rotwangige Nina. Jaschin nickt zustimmend und ruft: „Nastarowje!"

Kurz quatschen wir mit einer Gruppe deutscher Mädels am Nachbartisch, die Bombe aussehen. „Wir gehen nachher auch zum Spiel", tönt eine der Schönheiten. „Aber in den Haifa-Block. Vielleicht sehen wir uns danach noch in Downtown."

Rambo nuschelt: „Abgewählt. Zu jung", und ich ahne, was er meint. Zum Rummachen sind wir fast 30 Jahre zu alt für die Studentinnen im Auslandsemester. Glitter vermeldet: „Es gibt nicht zu jung. Nur zu eng." „Heute singt für Sie: Das Niveau!", ruft Nina.

Nach dem Essen wird es krass: Trueman holt die Tetra Paks Wasser aus seiner Tüte, eine Spritze (aus der Apotheke) und eine Flasche Wodka. Hochkonzentriert zieht er mit der Kanüle das komplette Wasser aus den Paketen und spritzt danach den Wodka in die nun leeren Behältnisse.

„Ist doch Alkoholverbot im Stadion!", vermeldet er. Wir können nicht glauben, was er für ein cooler Gangster ist. Dann ist es wieder der Rührer, der zum Aufbruch mahnt.

Im Restaurant hatten sie uns Bus Nummer 1 empfohlen, ein Express, der in die Nähe des Stadions fährt. Zille sagt: „Haue, aber nicht die Scheiben zertrümmern, nur weil es die 1 ist!", was für alle nachvollziehbar ist.

Das Gefährt ist gut gefüllt, vor allem mit Maccabi-Fans. Sogleich wollen etliche Teenager Fotos von sich mit den lustigen Unionern machen.

Die meisten sind verwackelt, weil der Fahrer mit 100 Sachen die Straßen langbrettert und wir ständig herumgeschleudert werden. Mittlerweile singen neun Leute: „Wir sind Unioner, wir sind die Kranken. Wir durchbrechen alle Schranken!"

Die Stimmung ist bei unserer Ankunft um 17:45 Uhr sensationell gut. Das goldfarben erleuchtete, fast rund wirkende, Sammy-Ofer-Stadion ist nun in der Ferne zu sehen. Trueman lässt sich von Haifa-Jungs einen Baumarkt zeigen, weil er noch Gafferband besorgen möchte.

„Will der sich den Wodka jetzt um den Bauch binden?", fragt mich Glitter. Ich laufe zusammen mit den Erfurtern und merke, dass ich gerade in ein kleines Tief aus Müdigkeit und Übersättigung gerate.

Glücklicherweise entdecken wir die „Sinta-Bar", gegenüber vom Stadion. Es sind jetzt noch zwei Stunden bis zum

Anpfiff um 19 : 45 Uhr und in der Arena soll es ja keine gold-farbenen alkoholischen Getränke geben. Wir verweilen.

Vor dem gut gefüllten Restaurant haben sie einen Stand auf-gebaut, an dem Zapf-Bier ausgeschenkt wird. Gerade als wir mit anderen Unionern abklatschen und freundliche Haifa-Fans kennenlernen, die Fotos fürs Poesie-Album machen wollen, schreibt „MacGyver", alias Trueman: „Schickt mal den Standort. Der Rührer hat meinen Pass und mein Ticket." „Ist nicht wahr", murmelt Rambo wieder einmal.

Während er und die Erfurter alsbald auf einer Bank sitzen und Gerstensaft schlürfen, stehe ich mit Zille, Haue und dem Rührer direkt an der Straße, weil wir Bilder von uns vor dem Stadion für die Nachwelt machen wollen. Union spielt in Europa!
Plötzlich stellt sich eine zwanzigköpfige Gruppe Maccabi-Ultras direkt gegenüber auf und brüllt irgendetwas. Der Kleinste von denen rennt auf den Grünstreifen und provo-ziert uns mit eindeutigen Gesten.
Wie tiefenentspannt sich meine Begleiter nun Gerade-machen und den Kerl leicht belustigt anglotzen, hat Le-gendenstatus. Nach dem Motto: „Was willst du Witzbold eigentlich? Du begibst dich in die Welt des Schmerzes."

Im Hinspiel hatte ein einziger Vollhorst in Unionfarben im Olympiastadion einen unentschuldbaren Gruß in Richtung der Gästefans gezeigt, doch wurden wir nicht in Geißelhaft genommen. Ein Blogger aus Haifa-Kreisen hatte daraus kein großes Ding gemacht und ihre Reise nach Berlin äußerst po-sitiv bewertet, was die Gastfreundschaft anbelangt.

Unsere Stadt kann manchmal nicht nur schön, sondern auch widerlich sein. Einige wenige Nazis gibt es leider auch in unserem Verein, aber heute ist mit Sicherheit keiner von denen ins gelobte Land gereist.

Warum sich allerdings junge Ultra-Boys immer so exponieren müssen, bleibt mir trotzdem ein Rätsel. Letztendlich wird der kleine Hobbit von seiner Gang zurückgepfiffen. Sie ziehen weiter.

Dem Kerl ging es augenscheinlich nur ums Provozieren, statt um historische Kacke. Wir prosten den Einheimischen in der Bar zu. Ein deutsches Team spielt in Israel und alle sind entspannt.

„Abfahrt", ruft derjenige, der das bestimmen darf. Wir laufen eine Treppe hinauf, um auf den Außenring in Richtung des Gästeblocks zu gelangen. Dort stoppt uns ein Kamera-Team: „Können wir euch kurz interviewen?", fragen sie. Alle verschwinden. Nur Haue, der Rührer und ich beantworten in sehr schlechtem Englisch einige Fragen und brüllen am Ende arschwackelnd: „Europapokal. Europa-Po." Falls das in Israel ausgestrahlt wird, möchte ich nicht dabei sein. Bei Haue sieht man zudem etliche Splitterwunden im Gesicht. Wir lachen Tränen.

Vor dem Eingang zu unserem Block ist gar nichts los. Wir können mit Unionern hinter der Absperrung kommunizieren und ergründen, was sie hier eigentlich an Dokumenten sehen wollen. Letztendlich ist die Kontrolle, wie die Einreise nach Israel, ein totaler Witz.

Der Security-Typ fragt mich nach dem Ticket und schaut

sich kurz den PCR-Test auf meinem Handy an. Ich hätte ihm auch eine Excel-Datei oder ein Bild von zwei dicken Möpsen zeigen können. Dennoch jubele ich hinter dem Drehkreuz und beobachte, dass die meisten Leute genauso feiern. Wir haben es tatsächlich bis ins Stadion geschafft.

Ich bin nicht annähernd Groundhopper. Dennoch muss an dieser Stelle erwähnt werden: Länderpunkt Israel eingetütet!

Dann die Überraschung: Sie verkaufen doch Bier (für 8 Euro). Es stellt sich jedoch schnell als alkoholfrei heraus. Wenig später kommt mir Trueman mit einer Palette Cola entgegen und fragt: „Cola-Wodka, El Rubio?"
Die vier gespritzten Tetra Paks wurden also durchgewunken.

Unsere Platznummerierung interessiert niemanden. Momentan sind sowieso nur 200 Unioner und kaum Ordner da. Wir parken erstmal im Unterrang in Reihe 20. Zusammen mit Zille laufe ich an den Spielfeldrand, um ein paar Fotos zu machen. Gegenüber singt sich die gut gefüllte Haifa-Ultrakurve ein. Sie ziehen ein grün-weißes Banner über drei Blöcke. Auf dem Ding stehen zwei Worte auf Hebräisch mit einem Totenkopf dazwischen, dann wenden sie die Stoffahne und nun ist „Ultras Haifa" zu lesen. Sehr effizient und gästefreundlich.

Als wir zurückkehren, intonieren sie gerade ein Lied, dass sich anhört, wie das Union-Lied, welches wir im Bus gesungen haben. Da stimmen wir ein: „Wir sind Unioner. Wir sind die Kranken! Wir durchbrechen alle Schranken! Unsre Farben sind weiß und rot. Wir bleiben treu bis in den Tod."

Ich schaue in die Gesichter meiner Freunde und weiß, dass sie das alle todernst meinen.

Eine junge Frau winkt mir zu und ruft: „Kennst du mich noch?" ,Nein', denke ich, doch dann erkenne ich Conny in voller Union-Montur. Neben Trimmel-Trikot und einem selbstgestrickten Schal trägt sie einen rot-weißen Fischerhut über dem blonden Haar. Süß! Sie gesellt sich zu uns.

Als die Mannschaften einlaufen, herrscht plötzlich Unruhe im Block, denn eine große Gruppe Unioner entert lautstark das Stadion. Der Eiserne V.I.R.U.S. hat es doch noch geschafft – zwei Minuten vor Spielbeginn!

Wir umarmen Kissi, WITZEL und Marx. Letzterer platziert sofort seinen berühmten Spruch: „Wenn wir heute gewinnen, kaufe ich drei Paletten Bier, lasse das Roks mit Diskoschaum fluten und zehn nackte Frisösen catchen in eurer Duschkabine."

Er kennt also die Fotos aus dem Chat und wäre sicher gerne von Anbeginn dabei gewesen. „Zwei nackte Frisösen", rufe ich und deute auf Conny und Nina, die Trueman gerade einen Cola-Wodka abquatschen. Anpfiff ...

Das Stadion ist nicht ausverkauft, aber alle 24.000 Zuschauer geben von Beginn an lautstark Support. Die Haifa-Ultras halten grüne Plastikfolien-Vierecke rund um ihr Banner in die Höhe und hüpfen. Auch wir Berliner singen ununterbrochen. Heute ist es egal, welcher Fan-Szene man angehört. Es zählt nur ein Sieg, oder die Europareise ist beendet!

Was soll ich über das Spiel berichten? Lieber nichts, denn

der Halbzeitpfiff ist der ultimative Höhepunkt der ersten 45 Minuten. Ein schlechtes Spiel, fast ohne Torszenen, bei fantastischem Fußballwetter. Nur die Cola von Trueman ist mit Schuss.

Nach der Pause läuft Union in Richtung unserer Kurve an und wird stärker. Doch Taiwo misslingt eine Ballannahme in aussichtsreicher Position und Kruse ballert wenig später einen harten Schuss aus zwanzig Metern knapp übers Tor. Danach verflacht die Partie wieder auf Conference League Niveau. Ab der 60. Minute flehe ich den Rührer an, dass Urs Fischer den schwachen Ryerson auswechseln soll. „Und Becker muss rein", ergänze ich. Zumindest mein zweiter Wunsch geht in Erfüllung.

Wenig später ruft Gary Glitter von der Seite: „Muss mal einer pinkeln?"

Ich war in der Halbzeit nicht und die Vorglühbiere drücken genau jetzt auf die Blase. „Ja", sage ich und laufe ihm entgegen.

Nun geschieht etwas Unglaubliches. Ich schaue in Garys braune Augen und sehe darin gespiegelt folgende Spielszene: Becker setzt sich auf der linken Strafraumseite stark durch, flankt präzise an den Elfmeterpunkt und Ryerson köpft den Ball knallhart aus 13 Metern rechts in die Maschen.

Natürlich sehe ich das nicht! In den glasigen Augen von Glitter, die gerade größer werden als seine Ohren, kann ich in diesen Sekunden nur erkennen: „Krass. Komm. Mach. Ja. Tooor!"

Um mich herum explodiert die Kurve und der Rührer teilt beim Jubeln die vier Reihen unter uns mal wieder, wie Jesus das Rote Meer. Schwacher Trost: Zumindest war ich noch im

Block, als das Tor gefallen ist.

Am Pinkelbecken fragt mich mein neuer Lieblingsfreund Glitter: „El Rubio, bist du jetzt eigentlich der Einzige, der unser Tor nicht gesehen hat?"

„Nee, der Suffi hinter uns hat es bestimmt nicht mitbekommen", antworte ich, denn dort saß ein arg betrunkener Vollhorst, der schon während der Halbzeit eingepennt war. „Doch, den haben sie kurz davor geweckt", ruft Glitter mit schelmischem Grinsen.

Zurück im Stadion, denke ich darüber nach. Die Vorbereitungen zu dieser Reise waren mühselig und letztendlich versenke ich gerade eine Menge Geld, um dem FCU nach Israel zu folgen. Doch eigentlich zählen für mich die zeitlosen Momente mit meinen Freunden viel mehr als der Treffer, welcher tatsächlich der einzige im Spiel bleiben soll.

Da ist dieses vertraute Gefühl, wenn der Rührer drei Tor-Zigaretten gleichzeitig ansteckt und zwei davon, Zille und mir, in den Mund schiebt. Beim Schlusspfiff habe auch ich ein seliges Auswärtssieg-Lächeln im Gesicht und weiß, dass unsere Träume irgendwann in Erfüllung gehen. Alles macht Sinn. Das Leben, diese Reise, der Fußball und Union!

Glitter nimmt mich huckepack und rennt mit mir durch die Reihen, als hätten wir die ganze Welt besiegt.

Einer der schönsten Momente nach Auswärtsspielen ist immer der, wenn sich das Team bei den Fans bedankt, egal, ob sie gewonnen oder verloren haben. So auch heute. Wir singen gemeinsam: „Europapokal. Europa-Po." Als nur noch Julian Ryerson und Christian Arbeit vor uns verweilen, stimmt WITZEL ein Lied an: „Union spielt in Europa, Union spielt in Europa, Union spielt in Europa, Union spielt in Europaaa. Die Hertha liegt im Bett." Minutenlang wird der Song von 600 Union-Fans völlig ironiefrei und ohne Häme intoniert. Nun ja ...

Noch im Stadion verabschieden wir Kissi und WITZEL. Sie wollen mit den V.I.R.U.S.-Bussen in ihr Hotel fahren, um in Haifa nicht verlorenzugehen. Unser Jungspund WITZEL ist zudem heiß auf eine (auch an den Brüsten) gepiercte Braut aus der Gruppe. Marx und Conny folgen uns unbeirrt in Richtung Siegesfeierlichkeiten.

Direkt neben der Bus-Haltestelle gibt es ein kurzes Geplänkel zwischen heimischen und unseren Ultras. Wir steigen in den Express in Richtung City und treffen die Studentinnen aus dem Restaurant am Nachmittag wieder.

Die Schönen wollen in einen Club, doch die „Reisegruppe Unjewiss" möchte erstmal ins Roks, weil Marx die Spendierhosen anhat und 48 Biere kauft. Die dritte Halbzeit kann auf unserer Terrasse beginnen, die sofort mit Discoschaum geflutet wird. Conny und Nina ziehen blank. Bleiben wir bei der Wahrheit. Terrasse: Ja. Schaum und Nackte: Nein.

„Wir haben noch so viel Tonic und Cola", ruft Zille, was als Startschuss dafür gilt, weitere Gin- und Wodkaflaschen zu köpfen.

Der Rührer lässt eine Scheibe der *Toten Hosen* auf der Bluetooth-Box laufen und Glitter ruft in die Runde: „Wie ihr sicherlich wisst, gibt es nur vier Menschen weltweit, die das Tor von Union nicht gesehen haben: Ein Eskimo in Grönland, ein finnischer Angler, ein Professor aus Hamburg und El Rubio." Alle schauen mich an. „Was für Idioten!", antworte ich grinsend.

Um auf ein anderes Thema zu lenken, erzähle ich, dass ich Conny nun schon zweimal nicht wiedererkannt habe. Sie taut allmählich auf und sagt: „Haue, dich kenne ich vom Auswärtsspiel in Bochum, wo du die ganze Kneipe unterhalten hast." Er so: „Kann mich nicht erinnern." Conny dreht sich zu Glitter um: „Und du saßt im Flieger neben mir!" Er so: „Echt jetzt?" Kurz nach Mitternacht laufen schon wieder Freudentränen.

Trueman meldet sich zu Wort: „Conny, damit ich dich niemals vergesse: Wollen wir noch tanzen gehen?" Ich ahne, wohin der Schelm möchte (Parole: „Höschen"), und schreibe ihm mit einem Kugelschreiber den Code für die Eingangstür auf den Unterarm. Die beiden Jüngsten der Runde zischen gut gelaunt in Richtung Altstadt ab. Wir anderen sind alle um die 50 und reden uns ein, dass wir mit 30 oder 40auch noch Hummeln im Arsch gehabt hätten.

Gegen 2 Uhr greift Zille, statt in die Schale mit den Erdnüssen, in einen vollen Aschenbecher. Nina schreit: „Nein!", und Haue lässt vor Schreck sein Gin-Tonic-Glas fallen, welches sich augenblicklich auf dem Boden in einen Scherbenhaufen verwandelt. „Machst du Duschkabine?", murmelt Rambo und holt einen Besen.

Zille stopft sich derweil 12 aufgerauchten Kippen in den Mund und kaut auf ihnen herum. Nach dem ersten Nikotinschock kotzt er die Stummel in einem riesigen Schwall über den Balkon auf die Straße. Dann spült er sich mit 50-prozentigem Wodka den Mund aus. Marx sagt: „Ich muss dann mal los!"

Wenig später tragen wir Zille ins Bett, weil er auch den Wodkaschock aus dem Komabecher nicht vertragen hatte. Auf der Terrasse singen wir: „Union spielt in Europa, der Zille liegt im Bett!"

Der nächste Song wird Gary Glitter gewidmet, der sich mit dem Satz verabschiedet: „Das Tor haben also nur ein Eskimo, ein Angler, ein Prof und El Rubio nicht gesehen." Unser Urvieh ruft wenig später „Nachti" und wir trällern: „... der Rambo liegt im Bett."

Gegen drei Uhr ruft Haue: „Ich gehe jetzt nochmal duschen." „Nein!", schreit Nina erneut, aber es war nur ein Scherz. Auch er will nun endlich pennen.

Der Rührer wechselt die Musik und will den Verbliebenen etwas ganz Wichtiges erzählen. Es läuft die Vanitas-Scheibe von den *Broilers*. Das Problem: Wir verstehen kein einziges Wort. Alles, was er von sich gibt, klingt in etwa so, als hätte er sechs Tischtennisbälle im Mund.

Ich singe mit: „Verlierer verlieren, Rührer light and dark. Von hier bis zum Ende, Rührer light and dark." Auch er schwankt alsbald bei hohem Seegang in die Koje.

Nina liegt nun auch in ihrem Zimmer und lächelt mit geschlossenen Augen. Ihr Freund singt: „Union spielt in Europa, die Nina liegt im Bett", bevor er die Tür zumacht.

Ich bin also nur noch mit dem ruhigen Jaschin am Start, der plötzlich wie ein Wasserfall quasselt. Alles, was er sagt, finde ich einleuchtend.

Kurz vor 5 Uhr springt die Eingangstür des Hostels mit einem lauten Rumms auf. Wir rennen ins Wohnzimmer und sehen eine stöhnende Conny, die Trueman auf ihren Schultern trägt. „Der konnte irgendwann nicht mehr reden und laufen. Aber der Code auf seinem Arm war hilfreich", sagt sie und wirft ihn hinter der Tür ab. Jaschin und ich ziehen ihn in die Bude und beobachten, wie er, auf dem Rücken liegend, gestikuliert und tatsächlich die Fähigkeit zu sprechen, verloren hat.

Mit Trueman will ich heute nicht in einem Doppelbett pennen. Also schleifen wir ihn in das Dreibettzimmer von Rambo und Glitter, denn dort gibt es noch ein unbelegtes Einzelbett.

Ich ziehe seine Hose bis auf die Kniekehlen herunter, aber Jaschin bekommt die fest verknoteten Schnürsenkel der Adidas nicht auf. Wir lassen das Opfer einfach so liegen, da wir mittlerweile selbst komplett abgeräumt sind.

Bei unserer Rückkehr schläft Conny bereits auf der Wohnzimmercouch und als ich um 6 Uhr endlich im Bett liege, muss ich, in Gedanken an diesen legendären Abend, lauthals lachen. Von draußen höre ich Jaschin singen: „Union spielt in Europa. El Rubio liegt im Bett!"

Um 9 Uhr reißt jemand die Tür auf. „What happened?", schreit mich ein Typ an, den ich zunächst nicht zuordnen kann. Es ist Alex, unser Vermieter.

Was ist passiert? Den Vorhang zur Terrasse hatte ich nicht zugezogen. Auf dieser herrscht Chaos. Die unzähligen leeren Bierdosen, Schnapsflaschen und vielen Kippen vermitteln den Eindruck, als hätten wir eine Woche lang durchgezecht, wobei wir schon aufgeräumt hatten.

Alex bedeutet mir, ihm zu folgen.

Ich quäle mich hoch und erlebe ein Szenario, welches sich bis zum Ende meiner Tage ins Hirn gebrannt hat: Auf dem Parkett des Wohnzimmers vegetiert Trueman vor sich hin. Seine Jeans (samt Schlüpfer) ist bis zu den Kniekehlen heruntergezogen. Wahrscheinlich war er in dieser misslichen Lage aufs Klo gerobbt und auf dem Rückweg einfach eingeschlafen.

Auf der Couch liegt Conny, die sich in der Nacht das T-Shirt ausgezogen hatte. ‚Schöne Titten', denke ich, bevor mich Alex in Richtung Bad schleift.

„Warum ich?" frage ich und schaue in ein offenstehendes Zimmer. Dort liegt Zille an den Rührer gekuschelt im Bett. Der wiederrum schläft auf dem Rücken mit seiner Anti-Schnarch-Maske über dem Gesicht.

Das Gerät hatte ich noch nie live gesehen. Es sieht aus, als läge er, angeschlossen an eine lebenserhaltende Beatmung, auf der Intensivstation.

Als wir die Nasszellen erreichen, wird mir klar, was das Problem ist: Duschkabine 1 steht offen. Um diese Uhrzeit sieht der Scherbenhaufen noch bedrohlicher aus. „What happened?", fragt mich Alex erneut, mit etlichen Fragezeichen im Gesicht.

Mein Gehirn funktioniert noch, denn ich laufe sofort in ein Zimmer. ‚Auch schöne Titten", denke ich beim Blick auf die schlafende Nina und wecke die Erfurter. „Suka bljad!", tönt Jaschin, doch er ist überraschend schnell wach und kommuniziert dann vorzüglich mit dem Vermieter auf Russisch.

Da er in der Versicherungsbranche in Thüringen tätig ist, macht er Alex einen Vorschlag, wie beide Seiten kostenneutral aus der Sache kommen. Dieser willigt irgendwann ein, mit der Bedingung, dass wir uns langsam mal vom Acker machen.

Letztendlich dauert es lange, Trueman zurück ins Reich der Lebenden zu holen, aber um 12 Uhr stehen wir vor der Tür des weltbesten Hostels Roks in Haifa. Alle umarmen Conny, die zurück nach Tel Aviv muss.

Trueman kann den Bus heute natürlich nicht fahren. Dass ausgerechnet Jaschin übernimmt, finde ich sportlich, weil auch er nur drei Stunden geruht hatte. Egal, alle sitzen irgendwann im Gefährt und freuen sich auf die Reise nach Jerusalem.

Zu früh gefreut, denn sofort nach dem Start leuchtet eine Lampe auf dem Armaturenbrett permanent auf. Und damit nicht genug: Alle zehn Sekunden macht es ohrenbetäubend laut: „Piiiep". Mir platzen fast die Schläfen.

Jaschin heizt durch die Stadt und hält entnervt („Piiiep") an einer Tankstelle. Die Auto-Fachleute in unseren Reihen beratschlagen. Dann der Neustart: „Piiiep". Haue ruft meckernd in Richtung Bus: „Ich mach dich Duschkabine!" Wir müssen zu SIXT.

Die haben am Tag des bald beginnenden Schabbats nur bis 13 Uhr geöffnet. Also rast Jaschin durch die kurvige Stadt. Natürlich verfahren wir uns trotz Navis und landen an einer SIXT-Station in einem Gewerbegebiet, die bereits geschlossen ist. „Piiiep". Mittlerweile wollen alle den Bus „Duschkabine machen".

Ein Hipster kommt vorbei. Wir quatschen ihn an. Er rät uns, den Wagen auszumachen, die Zentralverriegelung zu schließen, zehn Minuten zu warten und es dann erneut zu versuchen. Der Wagen rödelt hoch – und piept nicht mehr.

Wir lieben Israel und seine Menschen! Geld will er keines, also schenken wir ihm einen Union-Schal. Um 13 : 30 Uhr kann es weitergehen.

Als Jaschin auf den Highway in Richtung Jerusalem einbiegt, gibt Haue einen Klassiker von *Scooter* auf seinem Handy wieder. Neun Leute grölen inbrünstig: „Haifa, Haifa!"

Während danach alle, inklusive des Fahrers, fast wegdämmern, ist der Rührer schon wieder im Partymodus. Er zieht sich die verbliebenen drei Dosen Bier rein und brüllt dann, dass wir an eine Raststätte ranfahren sollen, um Nachschub zu kaufen.

Das findet momentan niemand lustig, doch nur Zille ist in der Lage, ihm auf Augenhöhe zu begegnen. Er meckert: „Reiß dich zusammen! Du fährst zum ersten Mal im Leben nach Jerusalem. Davon willst du vielleicht noch was mitbekommen, oder?" Die beiden kennen sich seit frühester Kindheit. Zille darf ihm diese Ansage machen. Wir fahren runter.

In der Coffee Bar deutet der Verkäufer auf mein rot-weißes T-Shirt mit dem Aufdruck: „Nehmt Euer Herz in beide Hände" und fragt: „Union Berlin?" Ich nicke und sein Kollege ruft anerkennend: „Nice goal."

Glitter, der direkt hinter mir steht, stänkert: „Siehst du El Rubio, alle haben unser Tor gesehen!", und lacht dabei so ausgiebig, dass sich kleine Wellen auf seinem Reisegruppen-Shirt bilden.

Selbst der Rührer trinkt einen doppelten Espresso, bevor

sich Nina die Autoschlüssel schnappt und auf dem Highway sofort in einen Stau einbiegt. Wir beschließen, die historische Altstadt von Jerusalem erst morgen zu besuchen und heute lieber ans Tote Meer zu fahren.

Alsbald durchqueren wir ein Gebiet mit hohen Mauern und Zäunen, die Israel vom Westjordanland abschotten. Nicht nur, weil wir Ostdeutsche sind, wirkt das alles sehr bedrohlich. Wir recherchieren, was es mit der „Westbank" auf sich hat. Reisen bildet!

Hinter Jerusalem erreichen wir die, in der Nachmittagssonne liegende Judäische Wüste. Plötzlich sind alle still, denn die trockene, durch Terrassen und Steilhänge geprägte, rot-braune Landschaft zieht uns sofort in ihren Bann. Am liebsten würde ich aussteigen und hineinlaufen, doch wir haben ja Termine.

Wenig später entdecken wir ein Schild: „Sea level". Wir befinden uns nun auf Höhe des Meeresspiegels in hügeligem Gelände und es geht weiter bergab. Somit sind wir alsbald bei Minus 200 Metern, und am Ziel, dem „Kalia Beach" am Toten Meer, auf knapp 430 Metern unter dem Meeresniveau angelangt. Glitter ruft: „So tief sind wir noch nie gefallen!"

Wir zahlen 15 Euro Eintritt, auch wenn die Badeanlage nur noch bis 18 Uhr geöffnet hat. Zwei Unioner in unserem Alter wollen sich reinasseln, werden aber vom Sicherheitspersonal gestellt.

Sagen wir es mal so: Der flache, schlammige Strand ist nicht sonderlich schön. Etwa dreihundert Leute hängen, auf Plastikstühlen sitzend, davor ab oder liegen im, mit Schwimmbojen abgegrenzten Badebereich, im Meer.

Aber es ist geil! Die Reisegruppe stürmt ins Wasser und sieht sogleich, wie eine Gruppe, auf dem Rücken treibende Pottwale aus. In der Salzbrühe ploppen wir immer wieder nach oben und freuen uns einfach, an diesem krassen Ort zu sein.

Alle bleiben unbeschadet, da niemand den Kopf versehentlich ins Tote Meer steckt und es ausreichend Süßwasserduschen gibt. „Splittermann" Haue kommt nicht mit hinein.

Er und Rambo haben derweil die „Lowest Bar in the World" okkupiert, auf Plätzen, die zuvor junge Union-Ultras mit lässigem Sieger-Grinsen besetzt hatten. Einige von ihnen kennen wir von Auswärtsfahrten. Gute Jungs!

Die Preise in der, mit rotfarbenen Lounge-Couches ausgestatteten Bar sind abartig, aber wir genehmigen uns unbeeindruckt frisch gezapfte Halbliter-Biere für acht Euro.

In der gleißenden Abendsonne erleben wir so einen unvergesslichen Sonnenuntergang, mit Blick auf die goldfarbene Wüste, das graublau schimmernde Tote Meer und das gegenüberliegende Jordanien. Wahrscheinlich denke nicht nur ich in diesem Moment: ‚So schön wird es nie wieder sein – nach einem Sieg von Union mit der Reisegruppe.'

Nina sackt acht glückselige Männer ein, wickelt ihren Union-Schal um den rechten Außenspielgel und fährt uns in Richtung Jerusalem.

Mitten in der Innenstadt versagt das Navi, doch Trueman meint, sich den Weg zum „Jerusalem Hostel" auf Google Maps eingeprägt zu haben. Eine verhängnisvolle Fehleinschätzung!

Wir biegen von der Hauptstraße ab und landen in einer unfassbaren Szenerie: Unser Bus mit rot-weiß gekleideten Insassen und einer weiblichen Fahrerin ist nun das einzige, sich bewegende Fahrzeug in den schmalen Gassen, die einem Schwarz-Weiß-Film, der im 19 Jahrhundert spielt, entstammen könnten.

In dieser laufen schweigende Männer in weißen Hemden und schwarzen Mänteln herum. Die meisten haben lange Bärte, Schläfenlocken und unterschiedlich geformte, schwarze Hüte auf dem Kopf. Die Frauen tragen lange Blusen, kniebedeckte Röcke und einige, dem Anschein nach, auch Perücken auf dem Kopf. Kein einziger Mensch sagt ein Wort. Alle glotzen uns nur mit entsetzt wirkenden Augen an.

Mist, wir sind zu Beginn des Schabbats mitten ins ultraorthodoxe, jüdische Viertel von Mea Shearim abgebogen und beide Parteien, die sich nun gegenüberstehen, finden das äußerst unangebracht.

Die meisten von uns wissen, dass der Schabbat der Ruhetag im Judentum ist, aber erst später lesen wir von den 39 Melachot (verbotenen Tätigkeiten), die für Orthodoxe auch das Benutzen von Fahrzeugen beinhaltet und den Muktza (Gegenstände, die weder bewegt noch benutzt werden dürfen).

Dazu gehören auch Dinge, die zu keinem bestimmten Zweck gemacht wurden, zum Beispiel Steine, die auf der Straße liegen.

Das ist vielleicht unser Glück! Wir haben das Gefühl, dass die Bewohner von Mea Shearim den Bus sonst komplett „Duschkabine" gemacht hätten.

So krümmt uns niemand ein Haar und wir sind froh, dem Wahnsinn nach zehn endlos erscheinenden Minuten zu entkommen.

Vorteil am Schabbat: Parkplätze sind kostenlos. Von dort können wir schnellen Schrittes die Jaffa-Street erreichen. Straßenbahnen fahren normalerweise in der dortigen Fußgängerzone, aber heute ist auch die Tram aus religiösen Gründen verboten. Strohballen kullern durch die berühmteste Stadt des Nahen Ostens.

Die Rezeption des „Jerusalem Hostels" ist nicht besetzt. Zu spät gekommen am Schabbat? Wir rufen die bei „Booking" angegebene Nummer an. Es klingelt direkt am Tresen. Dort liegt ein herrenloses Smartphone.
Wir schauen uns um, ob ein Zettel für uns hinterlegt wurde. Nichts!
Aber der Computerbildschirm leuchtet. Also öffne ich das Buchungsportal und sehe, welche Zimmer der Rührer gebucht hatte. Ich nenne Trueman die Nummern und der verteilt lässig Schlüssel, die an kleinen Haken hängen, als hätte er nie etwas anderes getan.
Nur Schlüssel Nummer 18 finden wir nicht und so geben wir Haue einfach die 24, weil zurzeit keiner, außer uns, eingecheckt zu sein scheint. Auch den „Key" für den Kühlschrank im Foyer entdecken wir und so spendieren wir als gute Gastgeber erstmal eine Runde Bier. Eisern Union!

Als wir uns zum Abendessen versammeln, erscheint die Rezeptionsdame. Es ist eine ultrahübsche junge Israelin, die kein großes Drama wegen des Eincheckens macht. Sie sagt nur: „Ihr hättet doch mal anrufen können!"

Ich deute auf das Handy, welches sie selbst gerade wiederzuentdecken scheint. Ein gutaussehender Typ läuft die Treppen hinunter und schmachtet sie an. Aha! Da gab es am Schabbat wohl doch noch Dinge, die bewegt werden durften.

Wir befinden uns in West-Jerusalem eigentlich im Ausgehviertel, aber am Freitag haben viele Restaurants geschlossen. Daher gehen wir stilecht im „Dublin Irish Pub" essen. Dort gibt es die wahrscheinlich besten Burger und Chicken Wings in der ganzen Stadt.

Natürlich haben alle Kellnerinnen das legendäre Tor des glorreichen 1. FC Union Berlin in Haifa im TV gesehen. Glitter freut sich: „Nur ein Eskimo, ein Angler, ein Prof und El Rubio haben Fußballgeschichte verpasst!"

Gesättigt entern wir einen Späti. Zille steckt dort den Kopf so tief in einen Kühlschrank, als glaube er, dort Becherovka zu finden. Letztendlich kaufen, wir neben Bieren, auch einige Wasserflaschen, die Gary Glitter zurück ins Hostel schleppt. Ich mache ein kompromittierendes Foto, um den Erfurter mit den alkoholfreien Getränken auch mal hochziehen zu können.

Beim Einkauf geht Trueman verloren und kommt erst zwei Stunden später, ordentlich zurechtgemacht, wieder. „Leute, da unten im Club ist 'ne coole Party", ruft er und zeigt uns seinen Stempel auf dem Handgelenk. „Kiffen die da?", frage ich beim Blick in seine Augen. Er grinst vielsagend.

Wir sitzen auf der Dachterrasse mit Herrscherblick auf die

beleuchtete Stadt und staunen darüber, dass wir gerade die beiden letzten Flaschen mit Hochprozentigen niedermachen. Unionlieder helfen dabei, diese schmerzhafte Erkenntnis zu verkraften.

Die Gesänge locken zwei mollige Frauen an. Die Amerikanerinnen aus den, für mich, unaussprechlichen Staaten Massachusetts und Arkansas, scheinen die einzigen anderen Gäste im Jerusalem Hostel zu sein.

Die Wonneproppen, deren Körper die Konsistenz eines Cheesecakes haben, sprechen sogar Deutsch. Als sie erfahren, dass wir aus Berlin kommen, ruft eine euphorisch: „Das Spiel haben wir auch mit unseren israelischen Freunden gesehen!"

Glitter lacht so laut, dass er beim Einatmen grunzt, doch bevor sich die Girls veralbert fühlen, klärt Nina sie auf und deutet auf mich: „El Rubio hat das Tor als Einziger weltweit leider nicht gesehen!" Sie bemitleiden mich halbherzig und verabschieden sich dann zur Nachtruhe.

Auch ich gehe um 1 Uhr ins Bett und kotze im Strahl, dass jemand an die Tür hämmert, als ich mich gerade hingelegt habe, obwohl der Schlüssel von außen steckt. Es ist Haue. Ich frage genervt: „Duschkabine?"

Er brüllt: „Nein, du Honk. Bei mir pennen die fetten Ami-Weiber. Weil die 24 nämlich ihr Zimmer ist!"

Ups, da war an der Rezeption wohl etwas schiefgelaufen. „Haben die deine Klamotten nicht gesehen?", frage ich. „Keine Ahnung, die waren fett, nackt und haben mir die Sachen schreiend hinterhergeschmissen."

„Spanner", sage ich und bekomme einen Lachkrampf. Bei uns stehen drei Betten im Zimmer. „Komm rein und fühle dich wie zu Hause!"

Um 2 Uhr klopft es erneut. Ich krieg hier noch 'ne Krise! „Trueman, du Vollidiot, der Schlüssel steckt von außen", schreie ich. „Habe ich nicht gesehen", antwortet er beiläufig. Dann kramt er aus seiner Jacke ein paar Scheine Bargeld heraus und zischt wieder ab.

Um 5 : 30 Uhr, mitten im Tiefschlaf, tritt jemand die Tür fast ein. Haue mault – ich stehe auf. Trueman! Er kann sich nun nicht mehr artikulieren.

Ich lasse ihn wortlos hinein und werde erst um 8 Uhr durch das Klingeln meines Handys geweckt. „Wann gehen wir los?", fragt Glitter. „9 : 30 Uhr ist Abmarsch", murmele ich. Haue ist schon unter der Dusche. Wir haben hier Duschvorhänge, statt Echtglas. Was für ein Glück!

Um 9 Uhr gibt es Tee und Kaffee in der Hostel-Küche. Dann laufen wir in Richtung Altstadt. Nur Trueman bleibt liegen. Alle tragen lange Hosen und Hemden. Wir haben es nicht abgesprochen, aber keiner möchte heute wie ein Fußball-Assi durch Jerusalem laufen.

Was für ein Tag: Bei 24 Grad und Sonnenschein erreichen wir die antike Stadtmauer, eines der bedeutendsten Orte der jüdischen, christlichen, muslimischen und armenischen Welt. Wir betreten die Altstadt durch das New Gate und ich stelle schon nach wenigen Metern fest, dass wir zu einer ganz besonderen Zeit gekommen sind.

Hier ist niemand! Kein Gedränge in engen Gassen, kein Massentourismus. Corona hat wenige Vorteile. Dies ist einer davon.

Lediglich Verkäufer, die um Kundschaft buhlen, sind nach wie vor da. Sie sind aber nicht sonderlich motiviert, ausgerechnet uns abzuziehen.

In einer Nebenstraße finden wir ein arabisches Café. Obwohl sie auch Pita, Falafel und Hummus anbieten, entscheiden sich fast alle für das Omelett mit Salat zum Frühstück. Dazu gibt es Kaffee, Tee und frisch gepresste Granat-Apfelsäfte.

Der Chef des Ladens, der lustiges Touristendeutsch spricht, freut sich über eines der besten Geschäfte nach fast zwei Jahren trostlosen Lockdowns. Wir uns auch, denn das arabische Eiergericht schmeckt vorzüglich.

Dann laufen wir zur Grabeskirche, einem der größten Heiligtümer der christlichen Welt, da sie an der überlieferten Stelle der Kreuzigung Jesu steht. Auf dem Vorplatz lasse ich ein Foto von mir machen.

Und in der Kirche erneut: El Rubio allein vor dem berühmten Salbungsstein, allein vor dem Golgotafelsen, allein vor der Adamskapelle und beinahe allein vor dem Heiligen Grab. Ich sende die Fotos an Nadine, die mir daheim noch Bilder gezeigt hatte, wie das hier normalerweise aussieht. Fünf Minuten später schreibt sie zurück: „Ich fass es nicht. So leer war es da bestimmt die letzten hundert Jahre nicht!"

In kleinen Gruppen, ohne Gesänge, laufen wir durch den Kirchenkomplex und sind überwältigt ob seiner Anmut und Schätze, die über Jahrhunderte angehäuft wurden. Man muss kein Christ sein, um sich hier klein und endlich zu fühlen.

Nach einer spektakulären Wanderung durch die teils

unterirdischen Gassen der Altstadt erreichen wir die Klage-mauer. Nun befinden wir uns an einer der heiligsten Stel-len des Judentums. Sie ist nur 48 Meter lang, aber 18 Meter hoch. Wir setzen uns eine Kippa auf den Schädel und laufen direkt auf sie zu.

In die Mauerritzen werden Gebete und Wünsche gesteckt. – so unser Wissensstand. Man darf diese aber nicht anderen verraten, wenn sie in Erfüllung gehen sollen. Glitter ruft, als er einen Zettel in eine der Spalten drückt: „Ich wünsche mir, dass El Rubio noch einmal im Leben ein Europapokaltor von Union sieht." Ist doch gemein!

Nina macht Fotos von uns aus der Ferne, obwohl das am Schabbat eigentlich verboten ist. Nur wir, zwei andere Unio-ner und drei mit dem Kopf wackelnde orthodoxe Juden sind vor der Mauer gerade zugegen.

Fehlt nur noch die Al-Aksa-Moschee. Die, auf dem Tempel-berg gelegene, drittwichtigste Moschee des Islams können wir am Samstag als Touristen aus religiösen Gründen leider nicht erkunden, aber von einer Treppe, die hier empor geht, haben wir einen fantastischen Blick auf die markante gol-dene Kuppel des berühmten Felsendoms.

Die Fotos mit uns und der Klagemauer davor gehören si-cher zu den Top 10 unseres Lebens!

Alsbald erkunden wir eine freigelegte Hauptstraße aus by-zantinischer Zeit und sind ein weiteres Mal komplett be-geistert von der Vielfalt der Altstadt Jerusalems. Glitter kauft sich in einem der unterirdischen Marktstände einen Rollkoffer zu irdischen Verhandlungs-Preisen. Er ist lilafar-ben und Rambo nuschelt: „Sieht scheiße aus!"

Nachdem wir bereits am Jaffa- und Damaskus-Gate waren, finden wir das New-Gate wieder und verlassen einen der krassesten Orte der Weltgeschichte. Davor treffen wir Trueman, der gerade wie Falschgeld durch die Gegend eiert. Wir sacken ihn ein und laufen zum Bus.

Als wir uns von Jerusalem verabschieden, habe ich ein seliges Lächeln im Gesicht. Ich freue mich einfach darüber, dass eine Fußballreise mit guten Freunden, neben all den Feierlichkeiten, auch zur Bildung beitragen kann. Israel ist ein faszinierendes Land.

Sollte der 1. FC Union Berlin weiterhin, oder nochmals, europäisch spielen, werde ich stets darauf drängen, nicht nur zum Spiel zu fahren, sondern immer auch ein paar Tage dranzuhängen!

Nach zwei Stunden haben wir Tel Aviv erreicht. In der Nähe des Abraham Hostels, im Herzen der Stadt, können wir bis zum Sonnenuntergang kostenlos parken, erklärt uns ein hilfsbereiter Israeli.

Unsere letzte Unterkunft ist ein Backpacker-Hostel, das fast ausschließlich von dieser Spezies okkupiert wird. An der Rezeption steht ein Typ mit Rucksack, Laptop und Surfbrett vor uns und versucht gerade, die Monatsmiete für ein Zimmer auszuhandeln. Glitter fragt mich: „Erzählt der Vogel gerade seine traurige Lebensgeschichte?", denn es dauert.

Der Kerl scheint für ein Start-Up zu arbeiten und möchte im Winter seine Arbeitszeit auf der hiesigen Dachterrasse bei 22 Grad absitzen und abends am Strand surfen. Noch ein Aspekt, den Corona hervorgebracht hat: Home-Office weltweit. „Backpackern aufs Maul", flüstert Glitter von hinten.

Endlich sind wir dran. Der junge Hipster hinter dem Tresen spricht mich auf Hebräisch an. Da habe ich wohl schon etwas zu viel unionrote Farbe im Gesicht von der Sonne abbekommen. Ich antworte mit: „Schalom."

Die Zimmer sind schlicht, aber funktionell und für meinen Raum lasse ich mir zwei Chipkarten geben, damit Trueman auch mal ohne meine Hilfe ins Zimmer kommt. Dann fahren wir mit dem Bus an den Stadt-Strand von Tel Aviv und rekapitulieren bei einem kühlen Nachmittagsbier unsere bisherige Reise. Viel schöner kann ein Auswärtsspiel wahrlich nicht sein.

Zurück am Hostel parken wir auf einem gebührenpflichtigen Parkplatz in der Nähe. Danach sende ich Conny unseren Live-Standort.

Irgendwann muss ich lachen, da wir auf der Suche nach einem Restaurant, wie beim Spiel: „Die Jagd nach Mr. X", kreuz und quer durch die Stadt irren und Conny uns immer knapp auf den Fersen ist.

Eigentlich befinden wir uns in einer angesagten Ecke, doch die meisten Restaurants und Bars öffnen hier erst um 19 Uhr, was wir später realisieren.

Für 10 Leute finden wir, wieder stilecht, ein japanisches Restaurant namens „Okinawa" und als Conny endlich eintrifft, fragen alle: „Wer bist du?"

Sie ist zunächst verwirrt, versteht aber irgendwann, dass dies auch in Berlin ein Running-Gag bleiben wird.

Wir erzählen ihr von unseren Reiseabenteuern und Trueman fragt in die Runde: „Wir waren in Jerusalem?"

Die Rechnung hat es in sich. Wenige Tage später wird Tel Aviv zur teuersten Stadt der Welt gekürt. Wahrscheinlich, weil die Unioner da waren!

Wir kaufen eine Batterie Maurerpatronen im Späti und sitzen am Abend auf Loungesesseln und einer Hollywood-Schaukel mit jungen Menschen aus aller Herren Länder auf der Dachterrasse des Hostels.

Einige lernen wir näher kennen, und klar: Alle haben das Tor von Union Berlin bei Maccabi Haifa gesehen. Conny will uns überzeugen, noch in eine Strandbar zu fahren, wo sie bisher gefeiert hatte. In dieser gäbe es ein „All-You-Can-Drink"-Angebot für umgerechnet 28 €.

Am Mittwoch musste der Besitzer, in Anbetracht der trinkfesten Unioner, bereits um 22 Uhr schließen. Das Fassbier war ausgegangen.

Trueman entdeckt derweil eine Party-Location auf einem anderen Dach in der Nähe. Die Jungspunde sind nun nicht mehr zu zähmen. „Der Rückflug geht doch erst um 13 Uhr", tönt unser Freund.

Wir „Alten" gehen kurz nach Mitternacht schlafen, weil wir morgen, vier Stunden vor Abflug, am Hostel loswollen.

Truemans Rückkehr nehme ich in dieser Nacht nicht mehr wahr. Allerdings habe ich Probleme, das Feierbiest morgens wieder wach zu bekommen. 20 Minuten später als geplant, sind dann aber alle startklar.

Wir tanken und finden die Rückgabestation von SIXT relativ zügig. Der Shuttle-Fahrer, der uns zum Flughafen fahren soll, ist ein russischer Jude. Jaschin plaudert mit ihm und ist plötzlich verhältnismäßig aufgeregt: „Jungs, heute Nacht macht Israel wegen einer neuen Corona-Variante, namens

Omikron, die vor ein paar Tagen in Südafrika aufgetaucht ist, wieder komplett dicht!"

Am Flughafen sehen wir, dass dies kein Scherz war. Tausende Menschen belagern den Terminal, um noch rechtzeitig das Land verlassen zu können.

An der Vorab-Sicherheitskontrolle schlängelt sich eine unüberschaubare Menschenschlange. „Wird knapp!", murmelt Rambo, seine ersten zwei Wörter des Tages. Wir haben nur noch drei Stunden Zeit.

Schließlich gelangen wir nach 90 Minuten an den Schalter. Dort wird eigentlich gar nichts kontrolliert, sondern vordergründig der Frage nachgegangen: „Was haben Sie in Israel gemacht?"

Wir treten in Gruppenstäke vor den Beamten. Der ist darüber kein bisschen erfreut und ruft nach dem Supervisor. Dieser ist ein blondes, weibliches Topmodel. Zille erzählt ihr wahrheitsgemäß und in holprigem Englisch: „Wir waren mit Union in Haifa beim Europapokal."

Die junge Dame grinst und antwortet: „Cool, Union Berlin habe ich im Urlaub 2019 bei Bayern München im Stadion gesehen. Gutes Team!"

Es fehlt eigentlich nur noch, dass wir uns tränenreich in den Armen liegen. Jedenfalls bekommen wir unseren Stempel und die Bändchen für die Handgepäckstücke.

Trotzdem müssen wir uns beim Check-In anstellen, um die Boarding-Pässe ausdrucken zu lassen. Wir haben jetzt noch eine Stunde Zeit.

Dann geht es weiter zur eigentlichen Sicherheitskontrolle. Was wir nicht wissen: Wer im Zufallsprinzip nach rechts geleitet wird, landet bei der normalen Kontrolle, wo das Handgepäck, wie an jedem Flughafen, mittels Scanner überprüft wird. Wer nach links eingewiesen wird, muss sich einer langwierigen Ganzkörperkontrolle unterziehen, in der man am Ende nur noch im Schlüpfer dasteht.

Achtmal rechts, nur Trueman muss sich links nackig machen. So endfertig, wie der heute aussieht, wage ich zu bezweifeln, dass dies ein Zufall war.

Wir anderen sind drin und haben noch Zeit, teure Baguettes, Kaffee und ein paar Mitbringsel aus dem Duty-Free zu kaufen.

Trueman kommt zehn Minuten vor Abflug ans Gate gesprintet. Im Flieger bleiben 15 Plätze von Unionern frei, die das ganze Ausreiseprozedere wohl unterschätzt hatten. Die „Reisegruppe Unjewiss" kommt vollzählig und wohlbehalten in Berlin an.

Letztendlich war Israel nur im November 2021 für den Individualtourismus geöffnet gewesen. Wir haben genau in dieser Zeit fünf fantastische Tage im Land verbracht und den glorreichen Sieg des 1. FC Union gegen Maccabi Haifa miterlebt.

Alle Menschen (weltweit) haben unser Siegtor irgendwo live gesehen. Außer ein Eskimo, ein Angler, ein Professor und El Rubio. „Ich mach euch alle Duschkabine!", brüllt der Letztgenannte.

Janz enge Kiste

Sehr schön: Am 19. März 2022 spielt der 1. FC Union Berlin beim FC Bayern in München. Die ersten beiden Bundesliga-Auswärtsspiele beim Rekordmeister hatte ich wegen Urlaubs und Corona (Geisterspiel) verpasst. Auch dieses Mal stehen die Vorzeichen schlecht, weil der FCU nur ein Kontingent von 1.250 Karten zur Verfügung gestellt bekommt. In München ist noch immer, wegen der Viruskacke, keine Vollauslastung des Stadions möglich.

Letztendlich loggen sich am 14. März 2022 aber so viele Mitglieder der „Reisegruppe Unjewiss" im „Zeughaus" ein, dass wir immerhin vier Karten für zehn Interessenten abgreifen. Dann fallen nacheinander Marx, Kissi, Keule, WITZEL und Jaschin mit einer Corona-Infektion aus. Und Haue bekommt einen Nagel in den Zeh geschraubt, weshalb er ruhen muss.

Die Tickets gehen somit an den Rührer, Stoni, Rambo und mich.

Unser Chef bucht sofort Zimmer im „Europäischen Hof" in der Nähe des Münchner Hauptbahnhofs und wird uns mit seinem Auto hin kutschieren.

Am Samstagmorgen holt er mich um 7 : 45 Uhr ab, bevor wir Rambo und Stoni in Schweineöde einsacken. Wir Mitfahrer benehmen uns und greifen erst nach 12 Uhr auf die Batterie Berliner Pilsmöhren im Kofferraum zurück. Um 13 : 30 Uhr sind wir am Hotel und parken im Innenhof. Ein stark unterhopfter Rührer ext sofort zwei Biere.

Ich staune, dass keine Flasche Becherovka oder Stonsdorfer kreist. Doch die Jungs mussten sich erstmal sammeln, denn wenig später macht ein Cognac namens „Ragnaud Sabourin" die Runde. Bei den feinen Union-Herrschaften ist der Wohlstand ausgebrochen. Rambo murmelt: „Hipp, hopp, rinn in Kopp." Immerhin sein erster Satz des Tages.

In den Zimmern werden die Klamotten gewechselt. Alle tragen nun das rot-weiße T-Shirt der „Reisegruppe Unjewiss". Siegesgewiss brechen wir auf.

Inmitten einer menschenüberfluteten Fußgängerzone verspüren wir schon wieder einen kleinen Bierdurst und kehren ein.

Das Augustiner-Stammhaus ist Münchens älteste Brauerei und die saalartigen Räume sind ein echter Hingucker. Wir geben uns der viel gerühmten bayerischen Gemütlichkeit hin und bestellen vier kleine Bier (0,5 Liter) und Schweinebraten mit Knödel zum Seniorenteller-Preis.

Allmählich trudeln auch Bayern- und Unionfans im Gasthaus ein, die keinerlei Stress miteinander haben. Es ist ein angenehmer Ort zum amtlichen Vorglühen, und Nachglühen, denn der Rührer reserviert sofort einen Tisch für 21 : 30 Uhr.

Bereits um 16 : 30 Uhr, nach nur drei Vollbieren, brechen wir auf. Ein paar Poser-Fotos mit Unionschal vor dem Münchner Rathaus müssen noch sein, bevor wir die U-Bahn am Marienplatz in Richtung Allianz-Arena entern.

Die genehmigte Auslastung des Stadions ist heute mit 35.000 Zuschauern – für Münchner Verhältnisse – überschaubar, sodass wir in der Bahn sogar einen Sitzplatz bekommen. Es scheinen viele „Touri-Bayern-Fans" Karten bekommen zu haben, da wir Zugereiste aus der Pfalz,

Nürnberg und sogar Bulgarien kennenlernen, die ein Ticket haben.

Die Ultras (Schickeria & Co.) boykottieren, wie die Union-Heißsporne, weiterhin die Spiele nach dem Motto: „Alle oder keiner".

Zumindest unsere Kurve wird dennoch kein Klatschpappen-Publikum sein, denn schon in der U-Bahn sind wir gesangstechnisch „die Kranken".

Um 17 Uhr haben wir in Fröttmaning das erste Etappenziel erreicht.

Der Auswärtsmob soll den hinteren U-Bahn-Ausgang nutzen, um dann linkerhand an der „Waldseite" zur Allianz-Arena zu laufen. Noch auf dem Bahnsteig wird der Rührer von einem Münchner gefragt: „Kannst du mir mal die zwei Bier öffnen?"

Wortlos entkront er sie mit seinem Ringfinger und läuft dann mit einem „Hellen" einfach weiter. Der Bayer ist so überrascht, dass er nur: „Du deppater Saupreiß", brüllt, aber nicht hinterherspurtet. So werden in München Geschäfte gemacht.

Während Stoni seine Pionierblase entleert, koste ich einen kleinen Schluck. „Schmeckt scheiße?", fragt Rambo. Ich nicke. Mir wurde berichtet, dass es beim letzten Mal (2019) gut gekühlten Gerstensaft im Stadion zu erwerben gab. Also muss ich jetzt auch kein lauwarmes „Not-Bier" trinken.

Bei 10 Grad in der Sonne, aber kühlem Gegenwind, erreichen wir um 17:20 Uhr den Einlass. Die Kontrollen sind entspannt, sodass wir bereits um 17:30 Uhr am Außenring der riesigen Wabenkonstruktion stehen und alsbald erneut Bierdurst verspüren. Doch die goldfarbenen Getränke scheint es nur im Innenbereich zu geben. Also laufen wir die steilen Treppen zu unserem Block 343 empor.

Enddurstig angekommen: Leckarsch! Es gibt nur alkoholfreies Bier! Die Nachricht erreicht unsere geschrumpften Union-Hirne um 17 : 40 Uhr. Eine brutale Erfahrung rund 50 Minuten vor Spielbeginn.

Wir wägen Vor- und Nachteile gegeneinander ab: Der Rührer ist nach sieben Bieren (wir anderen sechs) und zwei Cognac zwar noch nicht voll, wie ein Matrose auf Landgang, aber er schwankt schon. Eigentlich ist ein optimales Vorglüh-Niveau erreicht. Wir werden zudem die Münchner Nacht nicht im Wachkoma erleben. Marx hatte beim Spiel im Oktober 2019 eine Rechnung von 170 Euro auf seiner Kreditkarte gehabt – nur für alkoholische Kaltschalen. Großer Matrosenlandgang. Entscheidender Nachteil heute: Es gibt nur bleifreies Bier!

Um 18 Uhr betreten wir den Block und nehmen in Reihe 5 unsere Plätze ein. Normalerweise fühlt sich fast nichts im Leben so gut an, wie gemeinsam mit Freunden ein Stadion zu entern. Hier nicht, denn sofort brüllt ein Ordner: „Setzt gefälligst eure Masken verdammt nochmal auf!"

Wir verziehen uns angepisst in Reihe 15, fast unters Dach, um in Ruhe eine Zigarette zu paffen. Doch auch dort sind wir nicht sicher vor der Security, denn ständig kommt ein völlig übermotivierter Kerl angerannt und schreit: „Masken auf!" Er schlägt uns die Kippe fast aus dem Mund und keift dann mit einer Nichtraucher-Fresse: „Rauchverbot im Stadion!"

Ich huste so heftig, dass ich beinahe nicht mehr in der Lage bin, an meiner Zigarette zu ziehen. Aber wie gesagt, nur beinahe.

„Zu den Kack-Bayern fahre ich nie wieder!", kreischt Stoni, der gleich zu explodieren scheint. Er war 2019, wie ich, bei der entspannten Partie nicht anwesend. Rambo murmelt: „Scheiße heute", und der Rührer seufzt: „Ein kühles Bierchen wäre jetzt schön."

Ich gehe die vielen Treppen nochmal hinunter, um in Ruhe eine Kippe zu rauchen. Draußen versinkt die Sonne hinter der beeindruckenden Arena gerade in einem grandiosen Licht. Alles könnte so schön sein.

Als ich wieder oben bin, sind unserer Blöcke und Reihen gut gefüllt. Von 1.500 Gästefans wird später die Rede sein. Das Spiel beginnt.

Union gehört die erste Chance! Nach Flanke von Ryerson köpft Becker in der 6. Minute knapp vorbei. Glitter schreibt im Chat: „Wie viele Chancen braucht Union eigentlich noch?" Ich liebe seine Kommentare!

Zehn Minuten später läuft Coman unserem Jaeckel auf und davon. Der Franzose zieht aus 18 Metern ab und trifft in den Winkel, wobei Luthe ihn vielleicht hätte haben können. Der Rührer brüllt: „Na wattn?", hinüber zum brav applaudierenden Bayern-Publikum.

Auf der anderen Seite macht es Neuer besser. Der Bayern-Keeper hält sensationell und reflexartig bei Knoches Schuss. Wenige Minuten später die nächste Möglichkeit für Union: Becker bedient von rechts Awoniyi im Strafraum, aber auch sein Versuch streift äußerst knapp am Pfosten vorbei.

Der Support in unseren Reihen ist gut, allerdings ist auch Verzweiflung zu spüren, denn eigentlich müsste es 1:3 stehen. Doch nach 45 Minuten steht es 3:0 für die Bayern, da ein Spieler namens Nianzou und ein gewisser Robert Lewandowski, per umstrittenen Elfmeter, für einen ernüchternden Halbzeitstand sorgen.

Es war ein ausgeglichenes Match und lediglich in einer Spielerposition waren die Bayern besser besetzt. Luthe wird es mir verzeihen: Manuel Neuer ist Weltklasse! Die Erkenntnis ist nicht neu, doch im Stadion sieht man sein grandioses Stellungsspiel und seine unglaublichen Paraden eben dreidimensional.

In der Halbzeitpause schreibt Keule in den Chat: „Ich bin angepisst. Total kacke, wie einfach wir Tore fangen. Wir haben einen klar haltbaren Ball in der 16. Minute reingelassen, in der 24. eine Ecke schlecht verteidigt und in der 45. Minute einen Kopfball von Jäckel auf Luthe so kurz gespielt, dass er zum Elfer führte. Und bescheuert, dass wir uns für gutes Kombinieren und Umschalten bei drei klaren Chancen nicht belohnen."

Stoni explodiert. Er schreibt nicht zurück, aber brüllt: „Ich kann diesen Scheißdreck nicht mehr lesen. Der Meckerkopp liegt rauchend, mit roter Unionbuchse, auf seiner Couch und hat schon vier Berliner vor seinem 86-Zoller getrunken. Und wir sind in dem bekackten Stadion, brüllen uns, mit Maske auf dem Maul, die Seele aus dem Leib und dürfen weder rauchen noch saufen. Weil nämlich alles in München scheiße ist!"

Ich gebe zu, auch ich bin frustriert über das Stadionerlebnis. Neben dem Ergebnis war es erschreckend zu sehen, mit welchen Hilfsmitteln, wie Lightshow bei der Aufstellung, Torjubel-Musik und zentral organisierten Klatschaktionen ein mutmaßliches Theaterpublikum animiert werden sollte. Trotzdem muss ich über Stonis Wutrede herzlich lachen. Wenn er ein Mensch wäre, der mit vollen Bierbechern um sich wirft, würde er es genau jetzt tun. Wenn er könnte.

Wir gehen in den Innenring zum Rauchen. Der Rührer fantasiert: „Ein Bier wäre eine fabelhafte Voraussetzung für diese beschissene Situation.“

Doch in der zweiten Halbzeit geschieht ein großes Wunder! Nein, nicht, dass Robert Lewandowski in der 47. Minute zum 4 : 0 für die Bayern trifft. Es ist die Stimmung in unseren Blöcken, die den Rührer, Stoni, Rambo und mich glücklich macht!

Eine Union-Reisegruppe, ein paar Stufen unter uns, stimmt nun all die Lieder an, welche in der Alten Försterei immer vor Spielbeginn laufen. Neben *Ninas* Hymne: „Eisern Union“, singen wir *Menzels*: „Auf einer grünen Wiese, zwei Tore aufgestellt“, und *Sportis*: „Eisernet Lied“.

Und es kommt noch besser, weil die Anfeuerungen alsbald in köstlichen Galgenhumor umschlagen: „Janz enge Kiste, dit wird 'ne janz enge Kiste“, ist zu hören und: „Ohne Union wäre hier gar nix los“, und: „In Europa kennt euch keine Sau!“ Wir haben ein Dauergrinsen im Gesicht!

Als zwei Münchner, tief unter uns, inmitten des bayerischen Operetten-Publikums bei einer Chance aufspringen, brüllt der Rührer: „Hinsetzen, ihr Otter!“ Unsere Kurve nimmt das auf: „Hinsetzen! Hinsetzen!", schreien alsbald hunderte Unioner. Die zwei Typen sind gut erzogen und setzen sich. Alle reagieren und singen: „Für ein Heimspiel seid ihr ganz schön laut!"

Menschen ohne Humor haben in unserer Welt nichts verloren.

Passend dazu stimmen nach dem Abpfiff alle hüpfend in den Song: „Always look on the bright side of life", ein. Danach heißt es: „Berlin, Berlin, wir fahren nach Berlin."

Auf dem Weg nach draußen spukt mir ein Lied von *Dritte Wahl* im Kopf herum, das heute endlich mal einen Sinn ergibt: „Wenn wir zusammen sind, dann sind wir zusammen!" Es erklärt das Wort: Zusammengehörigkeitsgefühl.

Wir machen einen langen Schuh zur U-Bahn, weil wir nun mehr als einen kleinen Bierdurst verspüren. Im Abteil haben alle Leute gute Laune. Die (auswärtigen) Bayernfans, weil Union souverän besiegt wurde und wir, wegen der geilen Stimmung in unseren Blöcken.

Um 21:15 Uhr sitzen wir auf angestammten Plätzen im „Augustiner" und um 21:25 Uhr bestellen wir die zweite Maß Bier. Ein Prosit der Gemütlichkeit! Wir sind so durstig, wie vier Kamele nach der Durchquerung der Sahara. Dann essen wir das zweite Mal warm. Die Haxe mit Bratensoße und Klößen schmeckt vorzüglich.

In diesem Moment kommt Angel-Gerd an unseren Tisch. Er ist ein Freund des Rührers, der Angelreisen nach Norwegen organisiert. Er war heute im VIP-Sektor im Stadion und trägt ein Sakko auf rotem Hemd.

Er setzt sich zum Quatschen neben den Rührer, der vor Freude darüber auf den Tisch haut, aber versehentlich seinen Tellerrand erwischt.

Braune Soße und ein Kloß landen auf Angel-Gerds Jackett und die Haxe fliegt in seinen Schoß. Während er sich zur Toilette verabschiedet, lachen Stoni, Rambo und ich längst Tränen. Letztendlich winkt er zum Abschied nur noch aus der Ferne.

Die Stimmung im Schankhaus ist mittlerweile überragend. Wir feiern uns selbst und auch die Eingeborenen versprühen gute Laune.

Zwei Tische weiter sitzt eine Gruppe junger Frauen. Eine Hübsche spielt auf der Gitarre, währenddessen zehn Schönheiten stimmungsvolle Lieder singen, die im Laden alle zum Schunkeln animieren.

Wir vermuten, dass es hebräische Texte sind und verorten sie, in Gedenken an die Haifa-Tour, nach Israel. Nachdem wir allerdings erfahren, dass sie aus Salzburg kommen und „auf der Suche nach einem neuen Gott sind", verflüchtigt sich zumindest die Notgeilheit.

Um 23:15 Uhr bestellen wir beim Kellner vier Biere. Er erklärt uns, dass nun bald Ausschankschluss ist und er keine Maß mehr verkaufen darf. Wir ordern acht „kleine" aus der Halbliterklasse und alle sind glücklich.

In München ist nun Sperrstunde. Es wird kein Bier mehr verkauft, sodass uns der Kasten Berliner Pilsner in Rührers Auto den Arsch rettet. Und sechs anderen Leuten auch!

Vor dem Hotel verschenken wir Berliner Pilsner an

unsere Zimmernachbarn aus Altenkirchen (Bayernfans aus dem Westerwald) und an zwei verzweifelte Jungs aus Köln, die (angeblich) auch nichts mehr am Hauptbahnhof bekommen hatten.

Gegen 1 : 30 Uhr haben wir das Klassenziel erreicht und torkeln in die Zimmer. Stoni brüllt durch die dünnen Wände: „Maske auf!"

Er möchte, dass der Rührer seine Anti-Schnarch-Apparatur aufsetzt, was ich begrüße, weil ich mir mit ihm das Doppelbett teile. Als wir uns endlich in der Waagerechten befinden, höre ich nebenan den schweigsamen Rambo singen: „Janz enge Kiste, dit iss 'ne janz enge Kiste!"

Heute ist unser Tag

Ehrlich gesagt: Seit drei Jahren weiß man gar nicht mehr, welche Partie „das Spiel der Spiele" des glorreichen 1. FC Union Berlin gewesen ist. Das Aufstiegsdrama 2019 gegen den VfB Stuttgart? Der erste Bundesliga-Sieg im selben Jahr gegen Borussia Dortmund? Das Match gegen Brause, wo die Conference League klargemacht wurde, oder die Spiele in Europa selbst? Das denkwürdige Derby im prall gefüllten Olympiastadion 2022?

Jeder hat da sicher sein ganz persönliches Highlight.

Von der Bedeutung steht das Halbfinale im DFB-Pokal am 20.04.2022 sicherlich ganz weit oben, weil dort, bei einem Weiterkommen, der erste bundesdeutsche Titelgewinn des 1. FCU durchaus möglich erschien.

Nach Siegen bei Türkgücü, Waldhof Mannheim, Hertha und dann zu Hause gegen St. Pauli wurde uns im Halbfinale ausgerechnet Salzburg/Nord als Gegner zugelost, also RB Leipzig. Beim stärksten verbliebenen Team haben wir auswärts noch nie gewonnen. Nach all der Euphorie in den vorherigen Runden nun also ein Tiefschlag kurz vorm Ziel.

Türkgücü München hatte sich die Reisegruppe geklemmt, aber Mannheim wurde abgerissen, mit einem Aktionsradius, der sich zwischen Tankstelle, Lidl und Stadion auf etwa 1.000 Schritte beschränkte (Tagesziel erreicht).

Bei Tante Bertha waren (wegen Corona) nur ca. 200 lautstarke Unioner im Stadion zugelassen und so mussten wir den geilen Sieg (mit dem Tor des Monats durch Voglsammer) in Truemans Wohnung bejubeln.

Unter heimischem Flutlicht gegen St. Pauli waren wir aber wieder dabei und so feierte ich mit meinem St. Pauli-Freund Steve und seinen Kindern, die zu Besuch in Berlin waren, den zweiten Einzug des 1. FC Union Berlin in ein DFB-Pokal-Halbfinale. Nun gut, die St. Pauli-Gruppe jubelte eher nicht.

Der einzige Vorteil, den die „Reisegruppe Unjewiss" im Auswärtsspiel in LE (in Anlehnung an LA – Los Angeles) sieht, ist der, dass wir nicht ins weit entfernte Freiburg fahren müssen. Zumindest die Anreise ist entspannt.

Schnell hat ein Großteil das Zugticket gebucht. Alle anderen werden wir im Ibis Hotel in der Nähe des Hauptbahnhofs treffen. Wir sind in Sachsen mit 18 Leuten, also mit voller Kapelle, am Start.

Am Tag des offiziellen Ticketbuchens – online im Zeughaus – erleiden zwar einige (in der Warteschleife) Panikattacken, aber schlussendlich bekommt jeder eine Karte. Der Clou: Wenige Tage später erhalten alle Ticketinhaber die Nachricht, dass Union noch einen roten Hoodie mit der Aufschrift „Volle Pulle Union" kostenlos spendiert. Erstmals realisiere ich, wie viele aus der Gruppe mittlerweile XXL tragen.

Der Mittwoch zieht sich wie Kaugummi. Erst um 14 : 40 Uhr treffe ich die Jungs in der S-Bahn. Augenblicklich ist jegliche Unruhe verflogen. Nur bis zum S-Bahnhof Alex kann sich der Rührer zusammenreißen, bevor er sich eine Dose Berliner Pilsner aufzieht.

Wir anderen warten mit der ersten Kaltschale bis wir im ICE sitzen, weil das Trinken im Zug entspannter ist. Truemans 11-jähriger Sohn Knut staunt dennoch, dass wir um

15 : 28 Uhr das erste und um 15 : 38 Uhr bereits das zweite Bier vor uns zu stehen haben.

Kissi hat neben einem immens großen Koffer einen Bier-Rucksack dabei, doch Zille und ich haben sicherheitshalber auch Kühltaschen gepackt. Alles nach dem Motto: Volle Pulle Union!

Auf der Fahrt reden wir nicht über Spielprognosen oder die Aufstellung von Union. Auch diskutieren wir nicht darüber, warum sich unsere rothaarige Schönheit Kissi in Leipzig ein Doppelbett mit Bauknecht teilt.

Nein, wir sprechen über meine gerade kaputt gegangene Waschmaschine.

Der Rührer, der für Miele arbeitet, empfiehlt mir natürlich ein Produkt seiner Firma: „Mutti macht's mit Miele!", währenddessen Bauknecht die Modelle seines Arbeitgebers anpreist: „Bauknecht weiß, was Frauen wünschen." Die beiden sind echte Schlosser-Jungs und wären auch lustige Verkäufer.

Auf der Bluetooth-Box laufen alte Songs der *Toten Hosen*. Für eine Reise von Berlin nach Leipzig benötigt man nur fünf Bier pro Person und zwei Platten. Kurz vor der Ankunft singen alle den Hosen-Song: „Hey, heute ist unser Tag! Alles auf Liebesspieler."

Wir staunen, wie viele Leute in roten Hoodies einstimmen. Auf dem Bahnsteig in Leipzig Hauptbahnhof ertönt dann aus unzähligen trotzigen Kehlen: „Wir gewinnen sowieso ... Eisern Union!"

Das Ibis Budget Hotel ist gleich um die Ecke. Es ist ein

1-Sterne-Hotel in der fragwürdig klingenden „Reichsstraße", wo bereits etliche Freunde warten. Besonders freue ich mich, dass die Sektion Erfurt um Gary Glitter, Nina und Jaschin gekommen sind. Glitter hat diesmal sogar seine Betty Blue dabei, die mit Augen, so groß wie Mantelknöpfe, staunt, wie gut gelaunt die meisten Berliner schon um diese Uhrzeit sind.

Stoni ist mit dem Auto gekommen und teilt sich ein Zimmer mit Zille, während ich dem Rührer zugeteilt werde. Ich achte darauf, dass wir zwei Chipkarten bekommen, weil es nach unserem Sieg wichtig ist, dass wenigstens einer von uns hineinfindet. Dennoch schreiben wir uns die Zimmernummer 404 mit einem Kuli traditionell auf den Unterarm. Alle treffen sich unten.

Mittlerweile sind auch Marx, Andi, Haue und zwei Lausitzer Freunde von Trueman eingetroffen. Zusammen mit Haues Tochter Lara, Freund Mirko, Stonis Schwiegersohn „Schrankwand" und WITZEL sind wir vollzählig.

Der Becherovka-Beauftragte Rührer lässt eine Flasche kreisen und Stoni verteilt Kümmerlinge bei einsetzendem Nieselregen.

In einem Pub, gegenüber vom Hotel, finden wir Plätze im Rauchersalon und ordern Ur-Krostitzer in großen Chargen. Alle strahlen. Ich stimme nochmal an: „Hey, heute ist unser Tag!" Eigentlich ist er es schon jetzt.

Um 19 Uhr ruft unser Chef: „Abmarsch, Reisegruppe Unjewiss". Mit einem Fußpils laufen wir zum Hauptbahnhof und entern gemeinsam einen der bereitgestellten Shuttlebusse für Auswärtsfans.

Auf der Fahrt bietet uns Nina kleine „Spaßmacher" an. In Thüringen haben Schnäpse, wie Kleiner Feigling, Pfeffi und Saurer Apfel, noch immer Hochkonjunktur, aber auch ich sage zu dem „Obstteller" heute nicht nein.

Wir müssen die „Kameltaktik" anwenden und uns ein ausreichendes Flüssigkeits-Reservoir antrinken, weil es im wüstenartigen Zentralstadion keinen Alkohol gibt.

Eine zweite Becherovka-Flasche ist dabei ebenfalls hilfreich und Stoni glänzt mit Kümmerling-Nachschub. Warmsingen müssen wir uns schon im Bus, weil unsere Ultras dem Auswärtsmob einen 15-minütigen Stimmungsboykott beim Spiel verordnet haben.

So sehr wir die Ablehnung gegen das Dosen-Konstrukt aus LE auch teilen, finden wir das heute unangebracht. Wir wollen unsere Mannschaft im Pokalhalbfinale von Anbeginn nach vorne peitschen und haben Sorge, dass wir uns lautlos in der zwölften Minute das 1 : 0 fangen.

Aber okay, darüber wurde in den organisierten Union-Kreisen abgestimmt und Teilhabe und Mitbestimmung ist ja ein weiterer Punkt, der uns von der Perversion der reinen Kommerzialisierung dubioser Vereine unterscheidet.

Der Rührer und Glitter werden mit Sicherheit nicht die Schnauze halten, sehe ich schon jetzt beim Blick in ihre Becherovka-glänzenden Augen. Auch ich habe schon hohe Laktatwerte und schwanke leicht.

Leere Flaschen fliegen aus dem Fenster. Der Busfahrer macht eine Vollbremsung. Drei Bullen in Kampfmontur steigen ein, stellen sich vorne auf und brüllen irgendwas.

Die Erfurter übersetzen: „Wenn hier noch einmal was raus-fliegt, steigt ihr alle aus und könnt laufen."

Das wäre nicht so schön, da wir uns gerade inmitten eines Waldgebietes befinden. „Wir sind Unioner, wir sind die Kranken. Wir durchbrechen alle Schranken", wird auf der Weiterfahrt gesungen. Die leeren Pullen kullern nun im Bus auf dem Boden herum.

Letztendlich erreichen wir ohne weitere Zwischenfälle die Endhaltestelle und begeben uns auf den Weg in Richtung Stadion. Wenigstens haben die Ultras keinen 15-minü-tigen Stadionboykott ausgesprochen, sodass wir eine halbe Stunde vor Spielbeginn in die Rote-Brause-Arena hineindür-fen. Drinnen stellen wir fest: Es gibt doch Bier!

Nach gefühlt zwanzig Sekunden drückt mir Jaschin eins in die Hand. Es hat zwar nur 2,5 Prozent Umdrehung, es ist also praktisch gesehen Milch, aber eigentlich dürfte man mich damit nicht mehr abfüllen, denn ich bin voll wie ein Kamel mit Rotz am Ärmel. Der Becherovka und die vielen kleinen Stimmungsaufheller waren mir scheinbar nicht bekommen.

Eigentlich gibt es drei Dinge, warum ich übermäßigen Alko-holkonsum vor Fußballspielen nicht gutheiße:

Erstens habe ich ein selbst auferlegtes Schnapsverbot. Wenn ich sehr schlechte Laune habe, macht er mich ag-gressiv und bei guter Stimmung anhänglich. Seit drei Jah-ren möchte ich nach dem Verzehr von Hochprozentigem bei Union-Spielen immer all meine Freunde knuddeln. Wir haben (gefühlt) fast immer gewonnen.

Zweitens finde ich andere Suffköpfe während des Spiels megaanstrengend. Sie können sich kaum mehr artikulieren, brüllen oftmals sinnlosen Scheiß oder pennen sogar ein. Vom eigentlichen Spiel bekommen sie dann gar nichts mehr mit.

Der letzte Punkt betrifft uns sogar direkt. Einer unserer Freunde (eigentlich der, dem man eine Dröhnung nie angemerkt hatte) musste vor einem Jahr komplett den Alkohol-Stecker ziehen. Abgesehen davon, dass wir ihm Respekt zollen, wie relaxt er damit umgeht und uns kein einziges Bier neidet, erinnert mich das an meinen Vater, der bis zu seinem Tod zehn Jahre lang trocken geblieben war.

Doch heute ist unser Tag! Der Rührer und ich sind mit Glückshormonen druckbetankt. Alle anderen scheinen ein normales Vorglühlevel erreicht zu haben. Sie können noch geradeaus schauen und haben keine krummen Beine.

In Block 5.2 trennen sich unsere Wege. Ich quetsche mich mit Zille und Andi in eine völlig überfüllte Reihe. Unsere Leute finden wir hier nicht.

Vielleicht liegt es am Schweigegelübde (oder am Leichtbier), denn sofort nach dem Anpfiff bin ich total fokussiert. Das Stadion leuchtet bullenrot, der Rasen glänzt apfelgrün und vor mir breitet sich ein unionrotes Hoodie-Meer aus. Wo ist eigentlich der Rührer?

„Hey, heute ist unser Tag!", brüllt jemand 12 Reihen unter uns. Da ist er ja. Ich schreie zurück: „Alles auf Liebesspieler!" Die Leute vor mir kichern, nur ein Typ hinter mir ist genervt, aber ich kriege keine Kopfnuss. Die Ultras stehen größtenteils im Oberrang.

In der 15 Minute wären wir bei einem Pokal-Halbfinale schon heiser, zumal die spielstarken Unioner auch noch in Richtung unserer Kurve angreifen. Genau in ebendieser 15. Minute knallt Prömel den Ball aus spitzem Winkel ans Außennetz. Alle dürfen nun wieder schreien. Was für ein Schrei! Danach stimmen wir euphorisch in die so schmerzlich vermissten Gesänge ein. Endlich geht's los!

Kurz danach schließt Taiwo eine Großchance zu überhastet ab und zwei Minuten später wird er von einem Leipziger gerade noch so weggegrätscht.

Mittlerweile haben wir die Brausetabletten fest im Griff.

Trimmel schlägt vom rechten Flügel eine Traumflanke auf den zweiten Pfosten. Der Ball kommt in den Lauf von Becker, der cool bleibt und den Ball aus fünf Metern im langen Eck versenkt. Tooor!

Unsere Blöcke explodieren in ohrenbetäubendem, ekstatischem Jubel. Jedes noch vorhandene, sächsische Leichtbier wird zur Bierdusche entfremdet. Obwohl die „Reisegruppe Unjewiss" mit 18 Leuten angereist ist, liege ich vielen unbekannten Menschen in den Armen.

Da ist so ein vertrautes Gefühl, dass all unsere Träume heute in Erfüllung gehen! Zur Halbzeit führt Union auswärts mit 0 : 1.

Ich lass mich mit dem Pulk nach oben schieben, auf dem Weg zur Toilette. Das ganze Prozedere zieht sich leider und als ich mich wieder in den Block drängele, finde ich gar keinen meiner Leute wieder.

Irgendwann komme ich weder nach vorn noch zurück, sehe aber endlich ein paar meiner Jungs – hinter einer dicken Plexiglasscheibe.

Ich bin den falschen Gang hinuntergewankt. Alle Vertrauten zu verlieren, hat ja auch schon Tradition.

Egal, die Leute um mich herum sind okay und vollgepumpt mit Adrenalin sind wir sowieso alle gleichermaßen. Rote Brause kommt mit Power aus der Halbzeit, aber die besseren Chancen hat weiterhin der grandios konternde FCU. Taiwo verpasst dabei denkbar knapp eine mögliche Vorentscheidung.

In der 60. Minute gibt es Elfmeter für Leipzig. Aus der Entfernung kann ich nicht erkennen, ob es einer war. Schiedsrichter Brych gibt ihn jedenfalls nach Videobeweis. Silva trifft humorlos zum 1:1.

Danach ist es wieder ein Spiel auf Augenhöhe. Natürlich nicht gemessen an den Fangesängen. Da liegen wir ohrenbetäubend vorn.

Beide Mannschaften neutralisieren sich nun mit kompakten Abwehrreihen. Es wird nur noch zaghaft nach vorn gespielt, sodass vieles für eine Verlängerung spricht. Drei Minuten werden nachgespielt ...

Machen wir es kurz: In der zweiten Minute der Nachspielzeit sehen wir einen Spieler vom rechten Flügel in den Sechzehner flanken. Ein Blonder steigt hoch und köpft den Ball rechts oben in den Knick.

Der Blonde ist kein Unioner, sondern ein Schwede namens Forsberg. Ein 2:1-Kopfball ins Finale für die Falschen. Schockstarre!

Und dann missbrauchen sie auch noch die *Beastie Boys* mit: „You gotta fight for your right to party", als Tor-Einspieler. Das sind keine Fans, sondern reine Konsumenten. Wie ätzend! Wir haben eines der wichtigsten Spiele der Vereinsgeschichte auf unfassbar bittere Art und Weise verloren.

Natürlich bleiben nach Schlusspfiff alle Unioner im Stadion und besingen die wehrhaften Verlierer. Der FCU ist: „Unser Verein", aber heute bleibt ein fahler Beigeschmack, weil wir die roten Bullen in LE fast geschlagen haben und so nah an einem „Heimspiel" im DFB-Pokalfinale 2022 gegen Freiburg im Olympiastadion dran gewesen waren.

Um mich herum heult zwar keiner, aber vielen ist danach zu Mute. Ich schaue in die RB-Kurve und mir schwirrt ein Lied von *Slime* im Kopf herum: „Jede Träne war es wert ... lass uns niemals so sein wie Die, lass uns niemals so sein wie Die!"

Vor dem Bierausschank treffe ich – welch Wunder – meine Leute wieder. Der Rührer brüllt: „Scheiße, das war heut nicht mein Tag. Wo war Liebesspieler?" Sobald ich den Kerl sehe, ist aller Ärger verflogen. Solche Menschen sind selten, aber sobald man sie kennenlernt, weiß man es.

„Am Samstag packen wir die an dreckigen Bulleneiern", ruft Stoni mit geballten Fäusten und mit einer Mischung aus Wut und Trotz in der Stimme.

Dann müssen wir hier schon wieder gegen die Spaßbremsen in der Bundesliga antreten.

Im Bus und auf dem Weg ins Zentrum singen wir unanständige Lieder. Die Stimmung hellt sich demnach auf und in der Altstadt gibt es keinerlei Stress mit Leipziger Fans. Es sind einfach keine da.

In einer Kneipe am Marktplatz, an der Ecke zum Barfuß-gässchen, haben Haue, Lara und Mirko 15 Plätze für uns okkupiert. Mittlerweile reicht ein „Hey" aus, um unser Lied des Tages anzustimmen.

Der Rührer räumt versehentlich komplett den Tisch mit vollen Gläsern ab und Haue fragt inmitten des apokalyptischen Scherbeninfernos trocken: „Machst du Duschkabine?"

Den Aufbruch feiern wir mit Kräuterschnäpsen und Zille sammelt reichlich Trinkgeld ein, damit die Bedienungen wenigstens bei unserem Abmarsch glücklich sind.

Im Ibis Hotel ist fatalerweise noch die Bar geöffnet. Ich schmeiße sofort mein erstes Bier weg (lasse es fallen), was den Rührer so erschreckt, dass er mit seinem Stuhl nach hinten kippt und dadurch den kompletten Tisch mitreißt. „Der Pornofilm, der hier gerade läuft, heißt: LE-Duschkabine", ruft Glitter. Andi, Jaschin und Nina lachen sich scheckig. Stoni murmelt: „Ich geh dann mal ins Bettchen rein."

Wieder ist es Zille, der den Barmann besänftigt und eine neue Runde, mit viel Überredungskunst (und Scherbengeld), organisiert. Ich bin stockvoll und schmachte die zartfarbige Betty Blue an, bevor ich mit dem Kopf auf dem Tisch – und halbvollem Bier – einpenne.

Ausgerechnet Trueman schleppt den Rührer und mich zum Fahrstuhl und dann direkt in unser Zimmer, nachdem er die Nummer 404 auf meinem Unterarm entziffert hatte. Das ich das noch erleben darf! Wenn er mit seinem Sohn unterwegs ist, feiert er sanfter.

Im Nebenzimmer läuft eine Bauknecht-Waschmaschine auf Schleudergang (es wird gevögelt), aber wir pennen sofort in voller Montur ein.

Am nächsten Morgen sind der Rührer und ich überraschend fit. Wir holen uns Kaffee und Mettbrötchen vom nicht gebuchten Frühstücksbuffet und setzen uns damit vors Hotel. Alsbald trudeln weitere Wachkomapatienten ein. Trueman hatte noch mit WITZEL und Jaschin bis 7 Uhr gefeiert und Sohn Knut wurde am Morgen seinen Freunden aus der Lausitz anvertraut, die schon abgereist sind. Das ist mein Trueman!

Wir kehren zum Frühstück in ein Café gegenüber ein. Die Jungs ordern Konterbier, doch ich bleibe bei Kaffee und rekapituliere den gestrigen Abend in Hinblick auf meinen Alkoholkonsum.

Erstens: Ich habe mein mir selbstauferlegtes Schnapsverbot ausgehebelt. Zunächst machte er mich aggressiv (habe ich im Shuttlebus eigentlich auch eine Pulle aus dem Fenster gefeuert?) und später wieder anhänglich. Ich muss doch Betty Blue nicht so lange umarmen, auch wenn ich ihr nur erzählen wollte, wie cool es mit ihrem Freund Glitter in Haifa gewesen war.

Zweitens: Im Stadion war ich diesmal dieser Suffkopp, der sinnloses Zeug gebrüllt hatte, wobei ich: „Alles auf Liebesspieler!", gestern noch lustig fand. Später konnte ich mich kaum mehr artikulieren, habe wertvolles Bier verschüttet und bin letztendlich sogar am Tisch eingepennt.

Drittens: In wenigen klaren Momenten hatte ich das Gefühl, dass mich unser Freund, der seit einem Jahr keinen Alkohol mehr trinkt, erst mitleidig und später sorgenvoll angeschaut hatte. Nach dem Motto: „Wenn du so weitermachst…"

Ich frage mich: „Lektion gelernt, El Rubio?" Schauen wir für die Antwort dieser Frage mittels Glaskugel in die Zukunft: „Nö!"

Gary Glitter trinkt schon wieder sportlich viele Biere und sagt zur fußfaulen Kellnerin irgendwann: „Ich weiß ja nicht, wie das in Leipzig ist, aber in Erfurt nehmen wir Frühstück ziemlich ernst." Kurz nach 12 Uhr bringt ein ICE die Berliner zurück in die Hauptstadt.

Am Freitag habe ich frei. Ich kaufe mir eine neue Waschmaschine von „Bauknecht", weil die wissen, was Frauen wünschen und ein Zugticket für Samstag nach LE. Dort angekommen, fahre ich bei strahlendem Sonnenschein zum Stadion, bekomme problemlos ein Ticket zum regulären Preis und finde in den luftigen Blöcken recht schnell meine Leute wieder, die in der sächsischen Messestadt geblieben waren.

In der 46. Minute fangen wir uns durch Poulsen ein Gegentor. Im Zug hatte ich den Song: „Wall of doubt" von *Millencolin* gehört. Ich verstecke mein Gesicht mit beiden Händen hinter einer „Wand des Zweifels" und kurz vor Ende der Partie gibt es den ganz großen Schockmoment – aber diesmal für das heimische Team aus Salzburg/Nord!
Fulminates Dosenschießen: In der 86. Minute trifft der

eingewechselte Michel mit seinem ersten Ballkontakt per Flugkopfball, nach Flanke von Becker, zum Ausgleich. Doch damit nicht genug. Wiederum Becker spielt den Ball drei Minuten später flach in die Mitte, auf den dort wartenden Michel, der aus vollem Lauf, per Hacke, auf den ebenso eingewechselten Behrens ablegt. Dieser schießt den Ball aus 11 Metern abgezockt ins Netz zur Union-Führung.

Sensationstor, Tor des Monats und vor allem das heutige Siegtor!

Wie geil ist das denn bitte? Im Kopf läuft nun eine andere Textzeile von *Millencolin* aus dem besagten Lied: „We can reach the other side." Ja, wir sind nun fast sicher im Europapokal!

Die Berliner „Partycrasher" liegen sich in den Armen. Jaschin will noch ein Video für die daheimgebliebenen Reisegruppen-Mitglieder machen. Im Leipziger Zentralstadion haken wir uns beim jeweiligen Nachbarn ein und singen rotzglücklich in die Kamera: „Hey, heute ist unser Tag!"

Dicke Tante Bertha

Richtig: Das Spiel zwischen Hertha BSC und dem 1. FC Union Berlin ist ein waschechtes Derby! Mittlerweile ist es vielleicht sogar eines der bedeutendsten Derbys in der 1. Fußball-Bundesliga.

Natürlich ist das „Revierderby" zwischen Schalke und Dortmund bekannter, meinetwegen auch das „Nordderby" zwischen dem HSV und Werder, aber die beiden hier rivalisierenden Mannschaften kommen nicht aus derselben Stadt und spielten in der Saison 2021/22 nicht einmal gegeneinander.

Lange Zeit galt das Münchner Stadtderby zwischen den Bayern und 1860 als das Maß aller Dinge, doch trennen die beiden Teams schon seit langem mehrere Ligen.

Warum spielte das Berliner Duell so lange nur eine Nebenrolle?

Durch die 28-jährige Mauertrennung hatten Hertha und Union in dieser Zeit jeweils einen anderen unmittelbaren Stadtrivalen.

Die Fans beider Teams galten in den „getrennten Jahren" sogar als befreundet. Etliche Herthaner kamen über ein Tagesvisum in die Alte Försterei und viele Unioner fuhren nach Osteuropa, wenn die dicke Tante aus Westberlin dort spielte. Damals wurde sogar noch gegrölt: „Es gibt nur zwei Meister an der Spree: Union und Hertha BSC."

Allerdings hat sich aus dieser Zuneigung nach dem Mauerfall kein „Friendly Derby", wie das zwischen Everton und den Reds in Liverpool entwickelt.

Zum Freundschaftsspiel am 27.01.1990, das als die vorweggenommene Wiedervereinigung auf dem Rasen inszeniert wurde, hielten zwar etliche der 50.000 Zuschauer im Olympiastadion noch zusammen „wie der Wind und das Meer", aber bereits kurz danach kühlte die gegenseitige Zuneigung merklich ab.

Man wurde sich egal, weil man in unterschiedlichen Ligen und in weit auseinander liegenden Stadtteilen spielte. Jeder hatte eigene Probleme.

Doch seit dem ersten Derby in Liga 2 ist es ein hochemotionales Match. Es geht nicht um viel. Es geht um alles. Es geht um die Stadtmeisterschaft!

Der 9. April 2022 ist somit kein beliebiger Samstag. In Berlin gibt es heute kein schwarz-weiß-Denken. Berlin sieht Rot oder Blau. Derbytime!

Die Fahrt ins Olympiastadion ist die kürzeste Auswärtsfahrt der Saison. Eine S-Bahn sammelt die Jungs und Mädels der „Reisegruppe Unjewiss" fortlaufend ab Erkner, über Köpenick, Karlshorst und Rummelsburg ein, bis der letzte Patient in Ostkreuz in den vorher vereinbarten Wagen eingestiegen ist.

Natürlich sind wir beim Besuch der Tante in Westberlin mit großer Truppe am Start. An so einem Tag zählt als Ausrede eigentlich nur die eigene Hochzeit oder der eigene Tod. Sektion Erfurt heiratet heute wahrscheinlich.

Beim Blick auf die freudestrahlenden Münder, welche unentwegt von Berliner Pilsner notversorgt werden, frage ich mich, ob man solch gute Freunde jemals wieder findet. Ich hoffe, dass alle dem FCU ewig die Treue halten, denn dann werde ich sie niemals aus den Augen verlieren.

Für die meisten macht der Club nicht nur ein Teil ihres Lebens aus. Er bestimmt nahezu ihr ganzen Dasein.

Auch wenn wir der Partie gelassener entgegenschauen als die mittlerweile verfeindeten Ultragruppen, ist es nicht „bloß ein Spiel".

So einen Satz bekommt man nur von Leuten zu hören, die nie zum Fußball gehen. Wir werden heute alles geben, was wir haben!

Nach der sensationellen Vorrunde – zwischenzeitlich stand Union sogar auf Platz 4 – haben wir nach den Abgängen von Friedrich und Kruse ein wenig geschwächelt (momentan stehen wir auf Platz 8), doch ein Europapokal-Platz ist weiterhin in Reichweite. Gegen Köln gab es am letzten Spieltag endlich wieder einen lang ersehnten Dreier.

Unser Gegner hingegen steht auf Platz 17, also auf einem Abstiegsplatz. Die internen, teils peinlichen Eskapaden zwischen Investor, Vorstand, Mannschaft und den Fans sind durch das mediale Echo natürlich nicht an uns vorübergegangen, aber zur Belustigung trug das nur sekundär bei.

Das wünscht man nicht einmal seinem ärgsten Fußball-Feind. Und dazu gehört die dicke Tante Bertha nicht. Die meisten wünschen ihnen sogar den Klassenerhalt, damit wir es zweimal im Jahr vor ausverkaufter Hütte krachen lassen können. Besonders, wenn wir zu Besuch sind.

Viele Männer und Frauen auf beiden Seiten opfern fast all

ihre Freizeit für ihren Verein, brennen für ihn, jubeln und heulen. Heute geht es um diesen einen Augenblick des Alltagsglücks: Eine gewonnene Stadtmeisterschaft.

Aber genau dafür leben wir doch, wenn man ansonsten 40 Stunden in der Woche an der beschissenen Stanze steht.

Es gibt sicherlich einige Leute, die Fremden erzählen, dass sie Hertha nicht leiden können und hoffen, dadurch einen Freund fürs Leben zu gewinnen. Anderen wiederrum reicht es nicht aus, dass es für Union gut läuft. Es muss ein Desaster für die Hertha werden, damit sie sich wohlfühlen.

Beides ist nicht unser Ding.

Besonders freue ich mich, dass Keule heute dabei ist. Er kann leider nur selten mitkommen, weil sein Sohn Pablo dauerhafte gesundheitliche Probleme hat. Er ist schon seit den frühen Achtzigern Unioner und weil er in der Bahn neben mir sitzt, frage ich ihn: „Wie waren eigentlich die Auswärtsfahrten zu Ostzeiten mit Union?"

Bis zum Olympiastadion wird es eine sehr lustigste Fahrt, denn er unterhält mit den alten Geschichten das komplette Abteil. Das Beste an Union ist nämlich, dass man darüber endlos lange reden kann.

Herr Keule war früher richtig krass drauf und fast alles, was er zu DDR-Zeiten mit Union erlebt hat, ist tausendmal unterhaltsamer als das, was ich bisher schriftlich von mir gegeben habe.

Er ist einer jener Unioner, die sehr lange mehr Liebe gegeben haben, als sie zurückbekamen. Wäre ich nicht ein zweitklassiger Schreiberling, müsste man das unbedingt mal aufschreiben!

Auch eine hübsche Frau, die schon in Köpenick zugestiegen war und direkt vor mir sitzt, amüsiert sich köstlich. Kurz vor dem Ausstieg kramt sie einen blau-weißen Schal unter ihrer Jacke hervor und macht mit blinzelnden Augen und erhobenen Händen eine entschuldigende Geste.

„Echt jetzt? Warum gehst du denn zu Hertha?", frage ich. Sie antwortet: „Weil es sie gibt!", und dann: „Es ist echt nicht einfach, in Köpenick zu wohnen und immer durch die halbe Stadt zu gurken, aber mein Vater hat mich mal mitgenommen und da war es um mich geschehen."

„Väter können gute und schlechte Vorbilder sein", ruft WITZEL. Ein blöder Spruch, denn für fast alle ist ihr Leidensweg nachvollziehbar. Zumal Kati (so ihr Name) bei den Worten einen Gesichtsausdruck macht, den Fußballfans aufsetzen, wenn sie in letzter Zeit von ihrer Mannschaft stark enttäuscht wurden und dieses Gefühl gerade nicht abschütteln können.

Aber ein Funken Wahrheit steckt auch in WITZELs Worten: Zu welchem Verein man vom Vater erstmals mitgenommen wird, ist manchmal das Ergebnis einer grausamen Lotterie. Wir klatschen alle freundschaftlich mit Kati ab.

Vor dem Stadion ist alles friedlich. Selbst die Bullen, welche die Roten nach links und die Blauen nach recht einweisen, sind tiefenentspannt.

Es ist kein Anlaufpunkt für neugierige Berlin-Touristen oder Groundhopper, die Zeuge einer gepflegten Klopperei werden wollen.

Unsere Heißsporne, die Fanmärsche vom Lietzensee (Hertha) und vom Savigny-Platz (Union) organisiert haben, sind noch nicht eingetroffen.

Die Hertha-Ultras kehren nach den Corona-Beschränkungen heute erstmals geschlossen in ihre Ostkurve zurück und auch die Unioner Hardcore-Gang wird seit langem mal wieder in voller Stärke im ausverkauften Olympiastadion aufdribbeln.

Wir laufen zu den Stadionterrassen vor dem Südtor und genehmigen uns ein Westberliner Auswärts-Kindl. Nach und nach trudeln weitere Leute der Reisegruppe ein, die nicht mit der S-Bahn gefahren waren.

Sie haben, im Gegensatz zu uns, bereits den Schal abgegriffen, den unsere Ultras heute überall für einen Zehner verkaufen. Auf dem Teil steht in weißer Schrift auf unionrotem Grund: „Berlin." Ein Statement!

Eine süße Blondine kommt angeschlendert. Der Rührer ruft: „Wer auch immer du bist. Du holst die nächste Runde!" Conny drängelt sich mit Kissi brav in die Warteschlange. Etliche andere nutzen die Zeit zum Pinkeln. Von Weitem höre ich sie singen: „Auf einer grünen Wiese zwei Dixis aufgestellt."

Keule ist mit seinen grandiosen Geschichten bei den Nachwendejahren angekommen, in denen er mal so richtig freigedreht ist. Wir amüsieren uns köstlich, im Wissen, dass er heute als Sozialpädagoge für die Eingliederung der „bösen Buben" (nach ihrer Knastzeit) in unsere Gesellschaft zuständig ist. Welch grandiose Personalbesetzung.

Der Himmel über dem Stadion verdichtet sich zu schwarzen Wolken, bis wir von einem heftigen Regenschauer erfasst werden und unter einen Schirm flüchten, den Marx sogleich für uns okkupiert hatte.

Keule fragt in die Runde: „Was ist eigentlich das Zweitgeilste im Leben?"

„Saufen!", nuschelt Rambo und damit sein erstes Wort des Tages.

„Kräuter saufen!", verbessert Stoni und verteilt Kümmerlinge.

„Ficken!", sagt Bauknecht, wenngleich Kissi die Stirn in Falten legt.

„Dicke Titten!", ruft Mitgliedsnummer 001 der RGU.

„Mit Piercings in den Nippeln!", ergänzt WITZEL irritierenderweise.

„Liebe und Frieden!", murmelt Anne. Des Rührers Tochter schaut hoffnungsfroh in die Augen ihres Freundes Ricky, der sich aber der Mehrheit anschließt.

Dann brüllt der Rührer: „Abmarsch, Reisegruppe Unjewiss!"

Fußball ist manchmal nicht so wichtig. Aber er bedeutet uns viel, weil ein Leben ohne ihn still sein würde. Wir laufen zu den Toren und entern das Olympiastadion, um uns dem Geilsten im Leben zu widmen: „Eisern Union!"

Zum epischen Stadtderby an jenem 9. April 2022 gab es im Nachhinein unzählige Berichte. Als erstes möchte ich Journalisten widersprechen, die schrieben, dass das Stadion die komplette Zeit in „rot-weißer Hand" war.
Sicher, weit über 10.000 der 74.475 Zuschauer hielten zu Union und machten ordentlich Rabatz. Dennoch waren sie in der Minderheit und zu Beginn konnte man die Herthaner

gegenüber lautstark singen hören und zündeln sehen. An Support mangelte es dort nicht. Die Hütte wurde auf beiden Seiten fast abgefackelt.

Doch die Unterstützung für die Blau-Weißen ließ im Spielverlauf deutlich nach und war ab Mitte der zweiten Halbzeit im Prinzip nicht mehr existent. Union hatte der dicken Tante Bertha schnell den Stecker gezogen. Deren Spieler agierten wie Rasenroboter, deren Sicherung für das Erkennen von Hindernissen (Union-Spielern) durchgebrannt war.

Mannschaften mit Selbstvertrauen gewinnen große Spiele. Und der 1. FC Union Berlin war genau diese Mannschaft. Im Prinzip ist es müßig darüber zu diskutieren, warum Hertha fast alles vermissen ließ: Einstellung, Spielverständnis, Zweikampfwille und den Drang zum Tor.

Union war in allen Mannschaftsteilen haushoch überlegen und überrollte den Gegner, wie eine nicht zu stoppende Lawine. Becker machte sein bestes Spiel, seit er bei uns ist, nicht nur wegen eines Tores und einer Vorlage. Haraguchi zeigte über die ganze Partie und besonders beim Führungstor die totale Entschlossenheit.

Bei Michel platzte endlich der Torknoten im Union-Trikot und Prömel spielte Weltklasse. Die Liste der individuellen Glanzleistungen ließe sich noch weiterführen. Jeder Spieler rief genau das ab, was Union in diesem Spiel brauchte. Am Ende stand ein 1 : 4 Auswärtssieg und eine unvergessliche Stadtmeisterschaft!

Und bei uns so? Spätestens ab Mitte der zweiten Halbzeit

waren alle Unioner rechts und links vom Marathontor heiser. Jeder hatte beim gut koordinierten Support der Ultra-Szene durchgehend mitgemacht. Die roten Pyrofackel-Schwaden konnten unser seliges Lächeln nie ganz verhüllen.

Innerhalb der „Reisegruppe Unjewiss" gab es keinerlei Aussetzer. Es wurde reichlich Milch (Light-Bier) an den Berliner Himmel verschwendet und Anne trank aus einem Turm von zwanzig ineinander gestapelten Bierbechern auf den glorreichen Sieg.

Doch niemand purzelte vier oder fünf Stufen hinunter und lag minutenlang übereinander am Boden. Dazu war das Ergebnis einfach zu deutlich.

Beim Abpfiff haben wir dennoch alle Ohrensausen. Wenn man gewinnt, gehören einem die Wolken am Himmel. Und heute Abend sind diese in Berlin rot-weiß. Es ist ein Sieg für die Geschichtsbücher, den wir uns niemals in dieser Deutlichkeit erträumt haben.

Die Rückfahrt verläuft unspektakulär. Wir sehen auf dem Weg lieblos weggeworfene Hertha-Fähnchen, die vor dem Spiel verteilt worden waren, doch in der S-Bahn müssen wir niemanden trösten, weil wir nur von euphorischen Unionern umgeben sind.

Die Hertha-Ultras sind noch im Stadion und verlangen, dass ihre Spieler das Trikot vor ihnen ablegen für diese Demütigung. Da gibt es Redebedarf.

Auch ich möchte nicht, dass Bertha in die zweite Liga absteigt. Die dicke Tante aus Westberlin würde mir, trotz all ihrer Macken, irgendwie fehlen.

Am Alexanderplatz hält der Zug und es ertönt (wortwörtlich) die Durchsage: „Wegen einer Massenschlägerei am S-Bahnhof Jannowitzbrücke kommt es derzeit zu Verzögerungen."

Das Schlimme an sich prügelnden Menschen ist, dass ihr Handeln unser Trinkverhalten negativ beeinflusst. Weil uns das irgendwann zu blöd wird, nehmen wir zwei Großraumtaxis und fahren in die „Tagung" zur erweiterten Siegesfeier. Dort zeigt sich wieder einmal, was das Zweitgeilste im Leben ist: Betreutes Trinken mit Freunden!

König von Deutschland

Nach dem 33. Spieltag der Saison 2021/2022 ist klar: Wir werden in der kommenden Spielzeit wieder marodierend durch Europa ziehen und die Kneipen anderer Städte als Wüsten hinterlassen.

Nur der Wettbewerb steht noch nicht fest. Im schlechtesten Fall wird es erneut in der Europa Conference League sein.

Sollte der glorreiche 1. FC Union Berlin gegen Bochum gewinnen, spielen wir, nach nur drei Spielzeiten in der 1. Fußball Bundesliga, tatsächlich erstmals in der Europa League. Nur der 1. FC Köln kann unser Team noch vom sechsten Platz verdrängen.

Die „Reisegruppe Unjewiss" ist heiß wie Otterfett und beschließt, sich schon 24 Stunden vorher zu betrinken. Für Freitag wird eine Fete organisiert, weil beim Entscheidungsmatch am Samstag sowieso alle in Berlin sind.

Erfreulicherweise haben wir 2.080 Euro in unserer Vereinskasse, die unter anderem durch die Pfand-Rückerstattung bei der Abgabe leerer Bierbecher in der Alten Försterei (das Geld geht in den Gemeinschafts-Topf) prall gefüllt ist. Übermäßiges Trinken wird also doppelt belohnt!

Über Beziehungen von Rührers Regierung (seiner Frau Silke) haben wir ein Tennis-Vereinsheim in Spindlersfeld gemietet, ein 35-Kilogramm-Schwein für den Grillspieß gekauft und 80 Liter frisches Fassbier werden durch eine Zapfanlage laufen. Auch Beilagen, wie Sauerkraut und Hochprozentiger, wurden vorher in der Kaufhalle erstanden.

Viele haben sich Freitag, den 13.(!) Mai 2022, freigenommen und so kühlt das Bier schon ab 15 Uhr die ersten trockenen Kehlen. Das vorgebrühte Schwein hängt an der Stange und dreht sich grinsend über der Grillkohle.

Nach und nach trudeln Unioner und Freunde der „Reisegruppe Unjewiss" bei strahlendem Sonnenschein ein. Die Stimmung ist von Anbeginn überragend.

Die meisten tragen das rote T-Shirt unserer Gang und alsbald singen wir: „Union spielt in Europa. Union spielt in Europa, Union spielt in Europaaa!"

Doch um 22 : 13 Uhr kommt es zu einer schwerwiegenden Krise, nämlich zu einer (noch nie dagewesenen) Bierkrise. Die Rechnung, dass vier Liter pro Person ausreichen werden, war nicht aufgegangen. Zumal wir nicht ahnten, dass Leute, wie Rambo, einen Liter-Becher mitbringen. Seine 4 Bier hatte er schnell weg, nach dem Motto: „Nicht viel schnacken, Kopp in Nacken."

In der Krise erfährst du, wer du bist. Keules verpeiltem Bruder „Ketchup" müssen wir das Zapfen noch beibringen und mir, dass man kein kostbares Bier auf dem Tisch einfach umwirft. Dieses landet auf Gary Glitters einziger Hose, die er für das Wochenende dabeihat.

Um 22 : 18 Uhr geht auch das 5-Liter-Notfäßchen zur Neige und um 22 : 58 Uhr ist sämtlicher Alkohol im Vereinsheim restlos vernichtet.

Im Prinzip ist das okay, weil wir beim morgigen Spiel gegen Bochum dann halbwegs fit sind. Alle helfen beim Aufräumen, sodass der Rührer am Vormittag nur noch schnell die Schlüssel abgeben muss.

Um 23:05 Uhr werden wir von einem ohrenbetäubenden Knall aufgeschreckt. Es klingt so, als wäre jemand mit voller Wucht in die Spülmaschine gekracht.

Ich laufe mit Nina zum Küchenfenster und schaue von außen hinein: Es ist jemand mit voller Wucht in die Spülmaschine gekracht!

„Ketchup" liegt mit seinen vollumfänglichen zwei Zentnern Lebendgewicht in Embryonalstellung auf dem geöffneten unteren Fach. Er versucht sich gerade unbeholfen aufzurichten und als er es geschafft hat, schiebt er – zur Vertuschung – die Scherben mit dem Fuß unter einen Schrank.

Da braucht man kein Kriminologe zu sein: In die arg verbogenen Stangen, in die sonst Teller und Tassen gestellt werden, passt sein Körper perfekt hinein. Außerdem stecken Porzellanscherben in seiner Lederjacke. Was für ein Kunde! Haue kommt als erster in die Küche und ruft: „Bochum, Bochum – Spülmaschine!", in Gedenken an die von ihm zertrümmerte Duschkabine.

Der Rührer ist weniger begeistert, weil das Teil irreparabel zerstört ist und sich auch nicht mehr schließen lässt. Dennoch entscheidet er, das Problem erst morgen mit dem Vereins-Heini zu klären. Alle fahren per Uber in die „Tagung", wo wir bis 2:30 Uhr böse versacken.

Um 13:30 Uhr treffen wir uns, leicht geplättet, am Warsteiner-Stammtisch neben der „Abseitsfalle". Viele sehnen sich nach einer Schmerztablette, entscheiden sich aber für Bier. Trueman kommt auf Krücken angehumpelt. Im Schlepptau hat er zwei Kumpels in Bochum-Trikots. Die Ruhrpott-Assis sind normalerweise nicht besonders willkommen, aber zumindest wir wissen, dass Kaktus und Flummi lustige Kiffer sind, die nur zur falschen Zeit, im falschen Ort geboren wurden. Sie pflegen auch keine suspekten Fanfreundschaften. Niemand krümmt ihnen ein Haar, bis sie guter Dinge zum Auswärtsblock in Sektor 5 aufbrechen.

Der Rührer sieht besonders fertig aus und ruft: „Jetzt, wo alle da sind, kann ich mal kurz die Abrechnung machen: Die Party hat uns in Summe 980 Euro gekostet. Außerdem berechne ich noch 140 € Telefonkosten, 260 € pauschal für Fahrdienste und 120 € für Schreibarbeiten. Hinzu kommen 250 € zur Wiederherstellung des Tennisplatzes, 340 € für die Geschirrspül-Reparatur – inklusive Wochenendzuschlag – und 642 € Anwaltskosten für eine fast gescheiterte Ehe. Die Kohle nehme ich einfach aus der Kasse und ihr gebt mir alle noch einen aus, dann sollte das passen!"
Alle lachen herzlich und bitten um Aufklärung der letzten drei Positionen.

Der Rührer erklärt. „Der Vereinstyp hat bemängelt, dass einer der Tennisplätze aussehe, als hätte ein Platzsturm stattgefunden. Keine Linien mehr zu erkennen und das Netz lag auf dem Boden."
Ich hatte in einem Team mit den Jüngsten (Knut, Pablo und WITZEL) Fußballtennis gegen Trueman und die Erfurter (Glitter, Jaschin und Nina) gespielt. Das war ausgeartet. Trueman hatte zudem versucht, nach deren Sieg, übers Netz zu springen. Es war ihm nicht gelungen und danach griff er sich mit schmerzverzerrtem Gesicht öfter an die Achillesferse.

„Zweitens: Ich bin heute früh zu einem Kollegen gefahren, der Scharniere und einen ähnlichen Unterbau für die Spülmaschine hatte und habe das Ding, mit 1,8 im Kessel, in zwei Stunden repariert. Der Besteckkasten passte nicht ganz, aber das wird hoffentlich keinem auffallen."

Zum Glück arbeitet der Rührer bei Miele und ist dort Mitarbeiter des Jahres.

„Punkt drei: Silke fand es schon megascheiße, dass ich erst um 3 Uhr, mit 3,8 im Kessel, nach Hause kam. Als ich ihr dann noch gebeichtet habe, dass es in ihrem Vereinsheim zu Vandalismus gekommen ist, flippte sie komplett aus."

Die beiden sind seit über 30 Jahren zusammen und wegen einer Spülmaschine wird die Ehe wohl kaum kaputtgehen. Hoffe ich mal ...

„Ach so", ruft der Rührer. „Das habt ihr Penner vergessen!" Er wirft Haue einen Duschvorhang und mir ein Kuscheltier zu.

Den Vorhang, auf dem ein riesiger Otter aufgedruckt ist, hatte Haue von den Erfurtern nachträglich zum 50. Geburtstag bekommen. Der Otter ist das Wappentier der „Reisegruppe Unjewiss", nach dem Motto: „We are not like the Otters", und das Geschenk ein Seitenhieb auf seine Duschkabinen-Aktion in Haifa. Nina hatte ihn in der Dusche des Vereinsheims zur Ansicht aufgehängt und weil Kissi und Bauknecht (warum auch immer) noch gemeinsam duschen wollten, wurde er danach wohl vergessen.

Das 20 Zentimeter große Kuscheltier ist demnach ein Otter, den Trueman seiner sechsjährigen Tochter Amy abgequatscht hatte. Obwohl dabei dicke Tränen flossen, konnte sie sich von „Die Otter" irgendwann trennen, aber nur, weil er für El Rubio war, den sie (warum auch immer) mag.

Hoffentlich müssen wir nun nicht am Einlass erklären, warum wir mit einem Duschvorhang und einem Plüschtier ins Stadion gehen wollen.

Keule hat zum Endspiel der Saison, neben Bruder „Ketchup" auch seine Schwester Maja dabei. Das rot-weiße Duo („Ketchup-Mayo") ist sich nicht zu schade, die erste Runde Bier im Stadion zu holen: 18 Stück!

Sektion Erfurt weiß das nicht und schleppt weitere 18 Biere an. Rambo und Trueman bringen nochmal 12 und auch ich hole einen 6er-Träger.

Beim Singen der Hymne haben wir demnach 54 Biere in Sektor 3 (Block R) vor unseren Füßen stehen. Nie wieder Bierkrise!

Stonis 80jährigen Schwiegervater Klaus müssen wir an einem Wellenbrecher parken, weil er schon vor dem Anpfiff ordentlich schwankt.

Das Spiel beginnt furios! Haraguchi setzt sich in der 5. Minute auf der rechten Außenbahn durch und bedient Prömel, der vollkommen frei zum 1 : 0 einnickt. Für mich ist er unser Spieler der Saison. Schade, dass er uns verlassen wird.

Wir drehen durch und verlieren dabei etwa 10 Prozent unserer Biervorräte.

Nach Taiwos Elfmetertor zum 2 : 0 können wir im Prinzip schon in der Halbzeit mit den Europa League-Feierlichkeiten beginnen, auch weil Stuttgart gegen Köln mit 1 : 0 vorne liegt. Falsch gedacht!

Bochum verkürzt bei uns auf 2 : 1 und Köln gleicht bei den Schwaben aus. Es wird also nochmal eng, zumal der VfL Bochum auf dem Platz nun die spielbestimmende Mannschaft ist.

Keule kotzt derweil im Strahl, weil unsere Ultras die Lieder in zehnminütiger Dauerschleife intonieren und nach dem Gegentreffer nur „Schallala-Songs" singen, statt auf spielbezogenen Support umzustellen.

Wir anderen kriegen davon wenig mit, zu fokussiert sind wir auf die Partie. Und eigentlich brüllt auch immer einer aus unserem Block: „Eisern Union, Eisern Union, Eisern Union!" Die meisten davon kenne ich.

Dann fällt das 2 : 2 und Keule brüllt: „Aufwachen! Aufwachen!", was einem Glatzkopf, der hinter mir steht, überhaupt nicht schmeckt. Er brüllt: „Unioner pennen nie", sodass es fast zu einer gepflegten Klopperei kommt.

Rambo stellt sich dazwischen und sagt mit tiefer Stimme: „Ruhig Blut, Jungs!" Immerhin sein erster Satz des Tages.

Zumindest ist Keules Weckruf erfolgreich, denn ab der 80. Minute ist das Stadion in allen Blöcken wieder bei der Sache und feuert unser Team in Union-üblicher Lautstärke an.

Das wird belohnt: Fußballgott Taiwo Awoniyi erlöst 20.000 Menschen im Stadion, indem er den Ball, nach einer schönen Körperdrehung, in der 88. Minute zum 3 : 2 Endstand ins gegnerische Tor spitzelt.

Union steht nach dem letzten Spieltag der Bundesligasaison 2021/2022 auf Platz 5. Keule ist paralysiert und kriegt zum Aufwachen eine Bierdusche von Haue verpasst.

Europa League wir kommen!

Ich habe ein ähnliches Gefühl, wie das beim Aufstieg 2019 und renne mit Knut und Anne den Gang hinunter. ‚Sicherlich werden sie gleich die Tore öffnen‘, denke ich und höre in meinem Kopf einen Song von *Midnight Oil*: „Open up the floodgates. To the rising seas.“

Zusammen mit Knut klettere ich auf den Zaun. Als wir einen Fuß auf der anderen Seite haben, kommt ein Security-Typ auf dem Rasen angerannt.

Egal, wir drehen uns um, damit Anne knipsen kann: Ein elfjähriges Kind, namens Knut, der mit seinem ganzen Körper zu winken scheint, hängt mit einem fünfzigjährigen Kind auf dem Zaun und beide grinsen um die Wette. „Gebt den Kindern das Kommando!“, sang mal ein bekannter Bochumer. Männlichkeit ist mit elf Jahren noch etwas Cooles. In meinem Alter ist es manchmal eher peinlich.

Hinter uns rufen Freunde aus der Reisegruppe: „Runter, ihr Otter!“ und die komplette Gegengerade, brüllt: „Wir sind Unioner und ihr nicht!“

‚Macht euch mal locker‘, denke ich irritiert. Dann drehe ich mich um. Auf dem Spielfeld laufen gerade zehn vermummte Union-Ultras in Richtung Bochum-Kurve und ein mittlerweile erschienener Supervisor schreit mich von unten an, dass ich mich endlich verpissen soll.

Als ich wieder bei meinen Leuten bin, denke ich über den Platzsturm nach. Natürlich waren das auch „Unioner“, die mit Sturmhauben losgerannt sind und der Gegengerade den Stinkefinger gezeigt haben.

Ich weiß aus den Erzählungen meiner Jungs, dass sie oft genug selbst, gerade in den Wendejahren, ordentlich ausgetickt sind.

Allerdings geschah das eher nach verkackten Aufstiegsspielen, verpfiffenen Partien oder übermäßigen Provokationen gegnerischer Fans.

So gesehen, ist das heutige Gehabe einiger Typen nicht nachvollziehbar, weil wir gerade den größten Erfolg des glorreichen 1. FC Union Berlin in seiner Bundesliga-Geschichte feiern. Spontane Reaktionen zählen nur selten zu den stolzesten Augenblicken im Leben.

Egal, abhaken und die Europapokal-Tasche packen!

Nach dem Spiel gehen wir nicht zur Abseitsfalle, sondern vor das Mietshaus von Marx, weil er noch zwei Kisten Berliner Pilsner „zu viel" im Keller hat. Dort entsorgen wir Schwiegervater Klaus, den Stoni mehr oder weniger nach Hause tragen muss.

Alle anderen laufen an der Wuhle entlang in Richtung Partylocation, dem Parkplatz hinter der Haupttribüne. Bochumer werden nicht reingelassen, was schade ist, aber das Stresspotential immens verringert.

Auf dem „Union-Balkon" lassen sich die Spieler, umhüllt von rot-weißen Pyroschwaden, zurecht feiern. Auch unseren „Machern", also Zingler, Ruhnert und Arbeit zollen wir mit euphorischem Applaus Respekt. Das ist schon seit Jahren ein fantastisches Team, in vielerlei Hinsicht. Alle lieben Siegertypen und in unserem Falle sind sie auch noch sympathisch.

Ich bin schon ordentlich beschwipst, als die Durchsage

kommt, dass nun 200 Liter Freibier an den Ständen spendiert werden. Somit ist es für mich kein Anlass, mich ins Gedränge zu stürzen.

Vier unserer Jungs kämpfen sich dennoch durch, aber nach einem „Eierlikör-Glas" für jeden Unioner sind die vier 50-Liter-Fässer Geschichte. Ohne Freibier hätten wir den Tag auch überlebt. Es gibt aber keinen Grund, heute zu meckern.

Rechts vom Balkon beginnt auf einer Bühne ein Konzert von *Go-Go-Gazelle*. Was soll ich sagen? Die einzige Situation, in der ich bei Punkrock einen Schritt zurückmache, ist der, wenn ich Anlauf nehme.

Leider poge ich dabei sofort einem riesigen Kerl das Bier aus der Hand und bepöbele ihn danach auch noch ob seiner Blödheit.

Rambo entspannt die Situation und überreicht dem Riesen wortlos ein Pils aus unserem Depot. Zu wissen, dass es Freunde gibt, die einen nicht im Stich lassen, ist eine kleine und gleichzeitig besondere Sache.

Nach und nach verlassen die Jungs der „Reisegruppe Unjewiss" die Party und als *Radio Havanna* zu spielen beginnt, sind der Rührer und ich die letzten aus unseren Kreisen. „Oookay", ruft er mir zu. Platzsturm! Auch der Rührer ist einer, der geradewegs in die Schlacht stürmt.

Die Jungs sind richtig gut und reißen die Alte Försterei fast ab. Wir pogen mit jungen Ultras und helfen (wie sie) jedem Gefallenen sofort wieder auf die Beine. Zum Abrisskonzert wird es endgültig, als sie: „Du hast den Farbfilm vergessen" von *Nina Hagen* und „König von Deutschland" von *Rio Reiser* in der Punkrock-Edition spielen. Wir drehen komplett frei!

Danach sind wir wieder nüchtern (Scherz) und müssen auf dem Heimweg am Imbiss in der Bahnhofsstraße noch einen Döner essen, der natürlich nur zusammen mit einem kühlen Berliner Pilsner mundet.

Wir schwärmen von den möglichen Reisezielen in der Europa League: Manchester, Rom und Sevilla.

Der Träger des eisernen Becherovka-Abzeichens, beginnt irgendwann zu singen: „Das alles und noch viel mehr, würd' ich machen, wenn ich König von Deutschland wär'." Ich weise den Rührer lallend darauf hin, dass der Konjunktiv hier nicht passt und wir ja längst die „Herrscher Europas" sind.

Nächste Saison werden wir etliche europäische Städte – mit einem Farbfilm in der Tasche – bereisen und leertrinken.

Falls wir dabei versehentlich die Grenze zwischen fröhlichem Säufer und asozialem Alkoholiker überschreiten sollten, und des Rührers Ehe deswegen in die Brüche geht, werde ich mich an den Anwaltskosten beteiligen. Unioner-Ehrenwort!

Ohne Kruse

Unter uns: Vor so genannten „Allesfahrern" habe ich kopf-
schüttelnde Hochachtung. Gemeint sind Leute, die am letzten Spieltag verkünden: „Bald ist wieder Saison", und dann
zu allen Freundschaftsspielen gehen, der Mannschaft ins
Trainingslager folgen und bei sämtlichen Partien in der Liga,
im Pokal und in Europa vor Ort sind, egal ob daheim oder
auswärts. Ihr seid, bei allem Respekt, die „völlig Kranken"!

In der „Reisegruppe Unjewiss" (RGU) haben wir niemanden,
der dieser Spezies angehört. Natürlich sind wir in kleinen
Gruppen (mit Gesängen) bei allen Spielen des glorreichen
1. FCU anwesend und zu Hause durchweg mit voller Kapelle
am Start. Selbst im Trainingslager in Österreich waren wir
durch Haue würdig vertreten. Doch es gibt eben kein Mitglied der RGU, der jeden Termin wahrnehmen kann.

Zum einen haben wir alle Hobbys (und Partnerbezie-
hungen), zum anderen gibt es auch noch eine finanzielle
Komponente. Das komplette Programm kann sich kaum
einer leisten, selbst wenn er für Union blutet.

In meinem Fall bedauere ich im Jahr 2022, drei Partien
verpasst zu haben. Beim Auswärtsspiel auf Schalke hatte
ich eigentlich ein gutes Gefühl, konnte mich aber letztlich
nicht durchringen.

Meine Ausreden: Ich war ja schon im November 2019
vor Ort, mit geilen Erinnerungen, die ich mir nicht kaputt
machen wollte. Eine kurzfristig gebuchte Zugfahrt wäre
teuer und außerdem müsste ich spätestens Sonntag zurück
sein, weil meine Regierung (Nadine) Geburtstag hat.

Wenigstens habe ich nichts verpasst ...

Außer (!), dass die Partie auf Schalke sensationell mit 1 : 6 für Union endete und ich, im „Panenka" sitzend, ständig murmelte: „Is this real life?"

Außer (!), dass ich, via WhatsApp, mitansehen musste, wie Haue, Kerni, Kissi und Trueman vor, während und nach dem Spiel in Gelsenkirchen todesmäßig abfeierten.

Außer (!), dass ich darüber eine geile Geschichte hätte schreiben können:

• Wie Haue nach dem Versuch eine Plexiglas-Scheibe im Stadion zu überwinden, mit sechs Stichen genäht werden musste.

• Wie Kerni nach 16 Veltins auf der Heimfahrt ins Hotel seinen Hirschbeutel mit zehn Ausweisen (inklusive Gabelstapler-Führerschein!) verlor.

• Wie Kissi weiterfeierte und sich mit dem Spruch: „Love is in the air", mit Mr. Unbekannt verabschiedete.

• Wie Trueman um 6 Uhr morgens in einer Assi-Kneipe aufwachte, einem Taxifahrer sein Handy übergab, damit dieser seinen Kumpel (bei dem er nächtigte) nach der Ziel-Adresse fragen konnte.

Was für eine geile Truppe. Was für ein geiles Ergebnis: EINS-ZU-SECHS!

Spiel 2 war die erste Auswärtsfahrt in der Europa League nach Portugal.

An diesem Termin war ich mit meinem Freund Mikis Wesensbitter schon lange vorher zu einer Lesung nach Malchow/Mecklenburg ins dortige DDR-Museum eingeladen gewesen.

Abgesehen vom ernüchternden Ergebnis (1 : 0 für Braga)

haben Nina und Jaschin, die mit ihrem Bulli aus Erfurt bis nach Portugal gedüst waren, ein paar fantastische, sonnige Tage am Atlantik verbracht.

Vor dem Spiel trafen sie sich, in weißen Reisegruppe-Shirts, mit Glitter, Betty Blue, Conny und hunderten Unioner zum Superbock- und Sangria-Trinken in der Altstadt von Braga. Neid!

Nur Andi hatte es nicht zu den Europapokal-Feierlichkeiten geschafft, weil er beim Einchecken in Hamburg keinen (benötigten) Reisepass vorzeigen konnte und sein Easyjet-Flieger einen Umstieg in London (England) vorsah. Flug, Hotel und Eintrittskarte verkackt. Ein Horrorszenario!

Die letzte Partie, die ich im Nachgang mit Wehmut betrachte, war das Auswärtsspiel in Köln, weil Union dort erstmals in seiner Historie die Führung der 1. Fußballbundesliga eroberte. Direkt nach dem Sieg sandte mir Sebi ein Video aus unserem Block: „Deutscher Meister wird nur der FCU!" Karneval für alle Unioner, die am Rhein anwesend waren.

Und nun kommt genau danach, gewissermaßen als Strafe, der VfL Wolfsburg in die Alte Försterei. Okay, das ist eigentlich keine „graue Maus" der Liga, immerhin wurden sie 2009 Meister und 2015 DFB-Pokalsieger.

Sie gehören, wie der FCU und fünf andere Teams (Achtung: Unnützes Wissen) zu den Mannschaften, die, nach ihrem Aufstieg, noch nie aus der 1. Fußball-Bundesliga abgestiegen sind.

Sie sind also eher ein „grauer Wolf". Man nimmt sie zwar ernst, aber nicht so richtig. Die Fanszenen von Hannover 96 und Eintracht Braunschweig wehren sich strikt dagegen, eine Partie gegen den VfL Wolfsburg als Niedersachsen-Derby zu bezeichnen.

Für Unioner ist es (nach Bertha und Brause) die zweitkürzeste Anreise, aber eben auch kein Spiel mit größerer historischer Bedeutung. Oder?

1992 vergeigte Union gegen die Wölfe in der Aufstiegsrunde zur 2. Bundesliga beide Partien. Der volltrunkene Rührer war darüber beim Auswärtsspiel, im damaligen VfL-Stadion am Elsterweg, so erbost, dass ihn die Bullen in Wolfsburg an einen Zaun fesseln mussten.

In einem unbeobachteten Moment konnten ihn Rambo und Stoni jedoch befreien und alle zusammen flüchten.

Nachdem sich die Wege der beiden Teams für lange Zeit trennten, gab es ab 2019 erstmals Partien in der 1. Bundesliga gegeneinander, die bisher, statistisch gesehen, fast ausgeglichen waren.

Im Januar 2022 verließ uns ein Spieler, fünf Monate vor Ablauf seines Vertrages und kurz vor dem Ende der Transferperiode, in Richtung Wolfsburg. Max Kruse war in seiner kurzen Zeit beim FCU zum Fanliebling geworden, zumindest gemessen an der Beflockung vieler Trikots mit seinem Namen im Stadion An der Alten Försterei.

Ich weiß bis heute nicht, ob viele Unioner ihn liebten, weil er so ungewöhnlich war, oder ob er ungewöhnlich war, weil viele ihn liebten.

Er hatte uns mit seinem Tor in der Nachspielzeit (!) im letzten Spiel (!!) der Saison (!!!) 2020/2021 nach Europa geschossen. Fußballgott ...

Einerseits war man Kruse also zu Dankbarkeit verpflichtet, andererseits flüchtete er, als Union auf Platz 4 stand, allem Anschein nach aus rein finanziellen Gründen. Vielleicht gehört er zu den Menschen, die glauben, dass ohne sie alles den Bach runter geht. Doch unser Club existiert weiter und fliegt gerade von einem unverhofften Erfolg zum nächsten.

Im März 2022 verloren wir allerdings mit 1 : 0 in der VW-Arena gegen Kruse & Co. – und auch unsere halbe Reisegruppe für knapp zwei Wochen.

Im Bus oder im völlig überfüllten Auswärtsblock infizierten sich acht Leute mit dem Corona-Virus. Das einzig Positive an dieser Reise!

Am 18.09.2022 spielt Union also erneut gegen Wolfsburg in der Alten Försterei. Der aktuelle Tabellenführer kickt gegen einen auf Platz 16 liegenden Verein und Max Kruse ist nicht mal im Aufgebot der Wölfe.

Eigentlich ist es egal, was die Gründe für Niko Kovač sind, ihn nicht mehr spielen zu lassen, sei es fehlende Motivation, mangelnder Fokus auf den Verein, oder einfach nur Übergewicht. Ohne ihn steigen unsere Chancen, weil er der Einzige ist, der die Taktik von Urs Fischer erahnen kann.

Ich hatte ein grandioses Wochenende mit Mikis und Mimi und Michi in Malchow, wo wir nach der Lesung im DDR-Museum bis Sonntag früh um 2 Uhr in der Lobby des Sporthotels den letzten Bierkasten unbedingt noch leerbekommen mussten und lustige Sätze im Gästebuch mit Brigadeleiter Urs F. und Abschnittsbevollmächtigter Oliver R. unterschrieben. Sry.

Am nächsten Morgen fuhr Michi die Wachkoma-Patienten bei Starkregen von Meck-Pomm nach Berlin, wo jeder schnell die Klamotten wechseln konnte, um sich sofort auf den Weg in Richtung Alte Försterei zu machen.

Ich trage, wie etliche Unioner, das rote Dortmund-Regencape von 2016 „Keine Wand ist unbezwingbar", doch als ich mit Zille die Abseitsfalle erreiche, breitet sich plötzlich strahlender Sonnenschein über den grünen Wiesen Köpenicks aus.
Am Stammtisch fehlen der Rührer, Haue und Ketchup, die mit Mopeds in Sizilien unterwegs sind und wahrscheinlich gerade ein Tablet in WLAN-Nähe aufbauen. Wenn der Chef fehlt und seine Tochter Anne anwesend ist, haben wir fast immer gewonnen. Anne ist da!

Mir tut das Konterbier gut und ich erzähle, dass ich in der Tipprunde nur 1:1 getippt habe, weil ich mich bei einem Sieg dann noch mehr freuen könne.
Zille entgegnet: „Aber wenn wir gewinnen, kannst du doch gleich zweimal feiern?" Außer mir hat heute nur Marx ein schlechtes Gefühl.
Die anderen gehen davon aus, dass es nun immer so weiter geht und: „Wir alles zerlegen, bis wir Deutscher Meister sind."
Bei Union trifft man Freunde fürs Leben. Die „Reisegruppe Unjewiss" ist meine zweite Familie geworden und an diesem Ort kann man sich diese sogar aussuchen. Heute verbringe ich viel Zeit mit Zille.

Dunkle Wolken ziehen auf, weshalb wir früher in Richtung

Stadion laufen. „Dort gibt's ja auch Bier", murmelt Rambo seinen berühmten ersten Satz.

Kurz vor Spielbeginn spukt mir ein Song von *Liedfett* im Kopf herum: „Kommst du mit, mit mir, drück die Kippe aus, ganz schnell. Fühl den Tritt in dir, da vorne wirds schon hell. Lass den Sturm vorbei, zieh den Kragen nochmal hoch. Ich bleib dabei, auf drei rennen wir los!" Es geht los!

Ich weiß nicht, ob es daran liegt, dass wir momentan das Gegenteil von „Kacke am Schuh" haben, oder ob Urs Fischer wirklich eine so abgezockte Mannschaft zusammengestellt hat, denn wir sind auch gegen Wolfsburg, deren Team dreimal so viel gekostet hat, total überlegen.

Timo Baumgartl steht nach seiner Erkrankung wieder in der Startelf. Fick dich Krebs!

Ich muss an meinen Vater denken und fast heulen.

Bis zur Halbzeit resultiert aus unserer spielerischen Überlegenheit noch nichts Zählbares, aber in der 54. Minute trifft Siebatcheu nach Vorlage von Schäfer zum 1 : 0.

Und es kommt noch besser. In der 77. Minute explodiert das Stadion, weil unser bester Spieler der Saison, mit seiner zehnten Torbeteiligung, auf 2 : 0 erhöht. Becker schiebt den Ball, nach perfektem Zuspiel von Seguin, eiskalt an Wolfsburgs Schlussmann vorbei. Tabellenführung ausgebaut! Wie übertrieben geil ist das denn? Erst einmal sacken lassen.

Links neben uns stimmt eine Truppe ein Lied an: „Ohne Kruse habt ihr keine Chance! Ohne Kruse habt ihr keine Chance!" Obwohl das auf der Waldseite recht schnell abgewürgt wird, intonieren wir den Song in unserer Ecke minutenlang weiter. Es ist dieser schwarze Humor, der mir manchmal ein bisschen fehlt und den Unioner viel öfter an den Tag legen könnten.

Schon klar: „Einige Leute halten Fußball für eine Sache von Leben und Tod. Ich mag diese Einstellung nicht. Ich versichere Ihnen, dass es viel ernster ist." (*Bill Shankly*)

Aber man muss auch über sich selbst lachen können. Hätte Kruse heute für den VfL gespielt, wäre er wahrscheinlich ausgepfiffen worden. So ist er (ohne eigenes Zutun) schon wieder der große Held in der Alten Försterei und kann sich in seinen sozialen Kanälen dafür abfeiern lassen.

2 : 0 für den 1. FC Union Berlin. Ohne Max Kruse hatte der VfL Wolfsburg keine Chance. Ich habe fantastische Laune als ich mit Zille zur Abseitsfalle laufe. „Bei Heimspielen werde ich nur noch auf Siege tippen, damit ich mich immer zweimal freuen kann", sage ich lächelnd zu ihm.

Zille hat zudem schon lange vor mir gelernt, immer doppelt so ausgelassen zu feiern, um mögliche Niederlagen zu kompensieren. Mit ihm und dem Rührer habe ich immer den Glaube daran, ein Teil von etwas Größerem zu sein. Heute wurde es nicht gesungen, aber ich bin euphorisch und nun der festen Überzeugung: Deutscher Meister wird nur der FCU. Irgendwann ...

Malmö in Zwangsjacke

Natürlich benötigen wir keine Kategorien wie „Alt-Unioner". Das einfache „Unioner", mit dem Christian Arbeit vor jedem Heimspiel die Fans begrüßt, holt alle mit ins Boot. Ich kenne auch keine Frau, die das als respektlos gegenüber ihrem Geschlecht empfindet.

Man muss in meinen Augen nicht von Geburt an Unioner sein. Man kann es auch noch lernen, wenn man schon erwachsen ist. Punkt.

Mittlerweile treffe ich An der Alten Försterei Leute aus Cottbus, Bonn, Valencia, Erfurt, Kaiserslautern, Köln, Sheffield, Karl-Marx-Stadt und aus Rio de Janeiro, die in ihrer Jugend noch mit anderen Schals herumgelaufen sind. Irgendwann wurden sie – wie ich – mit dem unheilbaren Union-Virus infiziert, sodass ihre Vergangenheit und Herkunft immer mehr verwässert. Das sind alles Unioner mit viel Herzblut!

Am 06.10.2022 spielt der 1. FC Union in der Europa League in Malmö und die Zeiten ändern sich: Ich reise als Einziger aus unserer Berliner Crew nach Schweden. Meine Leidenschaft für Union ist nicht von Kindheitstagen erlernt. Da gab es keinen Instinkt, dem ich schon lange folge. Union hat mich überrannt und spült mich nun immer weiter fort.

Fairerweise muss ich folgendes schreiben: Ursprünglich hatten zehn Leute der „Reisegruppe Unjewiss" für die Auswärtsreise zugesagt. Es gab sogar eine Exceltabelle, damit wir im Blick behalten, wer, wann und wie nach Schweden kommt.

Ich will nicht aufführen, welche Flüge, Fähren und Hotels wir schon gebucht hatten. Das Problem war die Kartenvergabe, denn Malmö FF stellte Union Berlin nur lächerliche 1.025 Auswärtstickets zur Verfügung.

Die offizielle Verlosung der Tickets – ausschließlich unter Union-Mitgliedern – war dann eine Farce. Wir wissen bis heute nicht, wie viele Karten vorab an Fanclubs, Ultras, Offizielle und „Befreundete" vergeben wurden, denn wir gewannen mit 41 Losen genau zwei Karten.

Plan B trat in Kraft: Wir buchten uns im Malmö-Heimblock 39 – man konnte deren Ticket-System relativ leicht überlisten – zehn Karten.

Das sprach sich allerdings beim schwedischen Meister von 2021 herum, weil dies rund 1.400 Unioner taten. Am 30.09.2022 wurden diese Tickets wieder storniert. Unsere offiziellen Karten hatten wir derweil Kissi und Bauknecht überlassen. Was für ein Kugelwitz – keine Ecke zum Lachen!

Zudem kamen Gerüchte auf, dass Malmö zum Rendezvous der Erlebnisorientierten werden soll. Herthaner, Weinrote, Cottbuser, Gladbacher und Stresser aus schwedischen Vereinen hätten sich angeblich zur Partie angekündigt. Nach und nach sprangen all meine Freunde ab. Nina schrieb in den Chat: „Wir kommen überall rein!", doch auch sie zog mit Jaschin irgendwann den Stecker.

Ich war hin- und hergerissen, entschied mich dann aber zu fahren. Zum einen hatte ich die erste Oktoberwoche 2022 Urlaub genommen und gleichzeitig waren mein Flug und das erste Hotel nicht mehr stornierbar.

Am Samstag vor dem Spiel erfuhr ich, dass ich eine Karte von Kissi bekommen kann. Sie hatte eine dritte in ihrer Bonner Exil-Gruppe ergattert.

Malmö ich komme!

Am Mittwoch, den 5.10.2022, geht es los! Ich bin aufgeregt, was sich legt, als ich das erste Unioner-Pärchen am Flughafen treffe.

Den Flieger von Norwegian Airlines nach Kopenhagen haben also noch andere Kranke gebucht. „Wo habt ihr denn das Berliner her?", ist die einzig vernünftige Frage meinerseits und seither weiß ich, dass man im Duty-Free im BER, auch eisgekühlte Bierdosen aus einem geheimen Kühlschrank für einen schmalen Taler kaufen kann.

An der Kasse treffe ich Frau Amsel. Ich kenne die hübsche, lebenslustige Frau mit dem Beton-Pony aus dem „Panenka". Im Stadion steht sie auf der Waldseite, aber manchmal sehen wir uns trotzdem, zuletzt beim Pokalspiel in Leipzig und beim Saisonfinale gegen Bochum in der Alten Försterei.

„Ich habe dich lange nicht mehr nüchtern erlebt", sagt sie lächelnd, mit Blick auf die zwei Pils in meinen Händen. Wir verquatschen fast den Abflug und machen vor dem Flugzeug ein Foto mit unseren Maskottchen, der „Union-Amsel" und dem „Reisegruppen-Otter".

Alle Anspannung ist verflogen, doch leider fährt meine Lieblings-Schwedin schon heute nach Malmö, während ich in Kopenhagen nächtige.

Zum Abschied nehme ich die Frau aus Lichtenberg in die Arme. Mir kommt ein Song von *Pankow* in den Sinn: „Aus'm Westen hast du nichts. Doch ich seh' dir gerne ins Gesicht.

Du hast den Aufruhr in deinen Augen!"
Frau Amsel reist ohne Ticket zum Spiel. Respekt!

Um 19 Uhr fahre ich in 20 Minuten mit dem Zug ins Zentrum der dänischen Hauptstadt. Das Danhostel ist riesig. Ich wohne in Stockwerk 8 (von 17) und habe drei Betten im Zimmer. Erstmals vermisse ich meine Jungs. Besonders Rambo, mit dem ich die Bude eigentlich geteilt hätte.

Beim Rauchen vor der Tür entdecke ich ein Schild, welches eine Happy Hour in der hiesigen „Bar 50" anpreist. Jedes Bier für nur 35 Kronen.

Ich habe keine Ahnung, wie viel das ist, gönne mir aber sogleich eins.

Die Kellnerin klärt mich auf, dass der Preis bis Mitternacht gilt, weil der FC Kopenhagen heute bei Manchester City spielt und sie die Partie übertragen. Ich verweile.

Das gezapfte 0,5-Liter-Carlsberg kostet umgerechnet 4,70 €, schmeckt und ich lerne an der Bar einen Sören kennen, der FC Kopenhagen-Fan ist.

Ein Mann, namens Haaland, zerstört jedoch mit zwei frühen Treffern all seine Träume (Endstand 5 : 0 für ManCity).

Als ich mit Sören vor dem Hostel eine Abschieds-Zigarette rauche, fragt er (frei übersetzt): „Nur Tiere und Unioner trinken so schnell, oder?", und grinst dabei anerkennend. So schnell erntet man Respekt in Europa!

Am Morgen bummele ich kurz durch die Stadt und fahre dann mit dem Zug (und ein paar Dosen Carlsberg im Gepäck) in einer halben Stunde nach Malmö. Ehrlich gesagt, bin ich jetzt ein wenig nervös.

Am Bahnhof lungern schwarz gekleidete Northface-Jünger herum, die aber Deutsch sprechen und eisern sind. Ich frage sie (für Frau Amsel) nach Tickets und erfahre, dass vielleicht noch ein zusätzlicher Block aufgemacht wird. Mehr Infos dazu gäbe es am Marktplatz „Lilla Torg", wo später der zentrale Treffpunkt für alle Köpenicker ist.

Im Hotel N treffe ich drei alte Unioner, die schon seit gestern dort wohnen und nun (um 13 Uhr) langsam mit dem Vorglühen beginnen müssen.

Ich ruhe mich kurz aus und laufe dann wieder los. Kurz vor dem Marktplatz stelle ich allerdings fest, dass mein Handy nur noch zu 5 Prozent geladen ist und ich vergessen habe, 20 Euro mitzunehmen, um mir die Motto-Jacke zu kaufen. Ich muss umkehren.

Wieder im Hotel meldet sich Kissi. Sie sind nun angekommen und diese Jacke kann sie mir zum Stadion mitbringen. Also schenke ich mir den nochmaligen 25-minütigen Weg und trinke stattdessen, wie ein durstiges Union-Tier, Bier im Innenhof des Hotels, während mein Handy lädt.

Die drei Jungs vom Hinweg gesellen sich irgendwann dazu und laden mich ein, mit ihnen um 17 Uhr im Taxi zum Stadion zu fahren.

Im Auto sind gefühlt 35 Grad und der Fahrer spricht kein Wort Englisch. Natürlich karrt er uns direkt vor den Eingang der Malmö-Fans, aber wir werden nicht sofort verkloppt. Nur ein paar Kids zeigen uns im Hintergrund (was wir später auf Fotos sehen) den Stinkefinger.

Auf dem Weg zum Gästeeingang treffe ich Kissi und Bauknecht, die noch einen Maik dabeihaben. Sie wollen sofort hinein, bevor die Ultras im Fanmarsch aufdribbeln. Mein weißes Reisekader-Regencape ist in Größe XXXL und sieht an mir aus wie eine Zwangsjacke. „Gab nichts anderes mehr", sagt Kissi. Sie nimmt mich für ein Foto grinsend in den Arm und lässt ihre Brüste an meiner Schulter ruhen. Auf dem Selfie sehen wir aus, als wären wir gerade aus der Geschlossenen getürmt.

Die Schlange ist kurz, es geht zügig voran und ich treffe den Unioner, der mir in Berlin am Flughafen als Erster begegnet war.

Ich frage: „Wo ist denn deine Freundin?" „Essen kochen!", ruft einer der Wartenden. Alle lachen. Die Stimmung ist gut und auch die Security-Leute wünschen uns ein: „Good game."

„So schnell bin ich auswärts noch nie in ein Stadion gekommen", ruft Kissi beim Erklimmen der Treppen. Alles entspannt – und sie verkaufen sogar Bier! Zwar nur in einer 3,5-Prozent-Variante für 55 Kronen (5 Euro), aber das war vorher überhaupt nicht absehbar gewesen. Auch dem angeblichen Rauchverbot wird sich sofort standhaft widersetzt. All die negativen Vorahnungen lösen sich im Nichts auf!

Kissi ruft mit Blick auf Bauknecht: „In deiner Malmö-Geschichte möchte ich aber unbedingt, dass unsere Anreise erwähnt wird!"

Der Bauknecht-Junge hatte sich, weil seine Nachbarin am Abend lautstark vögelte, Ohrenstöpsel reingedrückt. Das Problem: Er sollte Kissi und Maik um 3 : 30 Uhr abholen, um mit ihnen nach Rostock zu fahren.

Um 4 : 30 Uhr verlor Kissi die Nerven (Bauknecht ging

einfach nicht ans Telefon), holte mit dem Uralt-Skoda ihres Vaters Maik ab und raste mit 160 km/h an die Ostsee. Ab Güstrow leuchtete die Motor-Warnlampe.

Bauknecht war derweil erwacht und raste mit 200 Sachen hinterher. Bei ihm leuchtete zehn Kilometer vor Ankunft die „Benzin-Leuchte".

Mit glühenden Reifen erreichten jedoch alle die Fähre nach Trelleborg (weil diese, wegen schlechten Wetters, eine halbe Stunde später abfuhr) und öffneten sich an Bord auf den Schreck erst einmal ein Bier. Auch das Knacken eines Becherovka-Schaubverschluss war wohl zu hören.

Dann kommen die Ultras. Auch unsere Hardcore-Gang scheint guter Dinge zu sein. Tatsächlich wurde Block 19 über (für mich) unbekannte Kanäle noch für Unioner freigegeben. Selbst Leute, die in Malmö-Heimblocks Tickets hatten, kommen mit den (eigentlich stornierten) Karten hinein.

Ich traue mich kaum, dies meinen Jungs aus der Reisegruppe U. zu schreiben. Wir gehen in Block 17 und ich texte lediglich zu einem Stadionfoto in den Chat: „Schöne Grüße aus Malmö!" „Holt drei Punkte!", schreibt der Rührer und die anderen senden aufmunternde Emojis.

Wir sind umgeben von jungen Ultras, die alle die weißen Zwangsjacken tragen und in Ordnung sind. Recht bald kommen auch Fahnenträger die Treppen hinuntergelaufen.

Weiter hinten stehen sogenannte „Alt-Hauer". Dies ist eine Spezies, die sich kaum um die Kleiderordnung schert und bei denen früher öfter mal die Fäuste flogen, wenn es darum ging, den stolzen FCU zu verteidigen.

Nicht alle von denen finden die Ultra-Bewegung mordsmäßig geil, aber sie akzeptieren sie, weil sie selbst mal draufgängerisch und unbekümmert waren.

Als allerdings ein vermummter Sprössling mit rot-weiß-gelber Sturmhaube vorbeiläuft und einen tierischen Kotten macht, ruft einer mit tiefer Stimme: „Verzieh dich!" Freundschaften zwischen Ultras, Alt-Hauern und Normalos werden wohl auch in Zukunft wenige entstehen. Zu groß ist der Unterschied, mit der man die Sinnhaftigkeit eines Fußballspiels betrachtet.

Ich tausche meine XXXL-Jacke mit einem korpulenten Marcel gegen seine XL und beobachte den Einlauf der Spieler. Die Malmö-Ultrakurve feiert sich bei opernartiger Musik mit blau-weißer Choreo selbst. Dann spielen sie die Europa-League-Hymne. ‚Wie geil, ich bin wirklich hier', denke ich. Länderpunkt Schweden eingetütet!

Mittlerweile spricht sich herum, dass sie jeden Unioner, vielleicht auch zur Deeskalation, ins Stadion lassen, sei es in Block 19 oder in die gemischten Blöcke. Frau Amsel gehört zu den letzten 50 Fans, die vor den Toren auf Vermittlung von Union-Offiziellen noch ein Ticket ergattern. Wir sehen uns nicht im Stadion, denn ich bin längst im Tunnel. Das Spiel beginnt!

Bei uns wird alsbald das erste Mal gezündet. Auch ein Typ direkt hinter mir hält einen zigarettengroßen Leuchtstab in die Höhe, der am Ende in seiner Hand (!), wie ein Knallfrosch, explodiert. Was für ein Honk!

Bauknechts Jacke ist verkokelt und Kissis hat kleine Löcher. Sie macht dem Jungen eine tierische Ansage, bis dieser verstört seine Motto-Jacke mit ihr tauscht und vier Bier für uns anschleppt. Alles okay!

Die Partie ist nicht sonderlich sehenswert. Union steht tief hinten drin und lauert auf Konter, während sich Malmö gut, aber letztlich erfolglos, durch unsere Abwehr kombiniert. Mitte der ersten Halbzeit dann die erste Chance von Becker und etwas später ein Schuss von Haberer knapp übers Tor.

Ein halbwegs gerechtes 0 : 0 zur Pause würde man meinen, wenn Schäfer nicht kurz vor dieser der Ball verspringen würde und er einen, allein auf unser Tor zu sprintenden Malmö-Spieler nur noch mit Blutgrätsche stoppen kann. Rote Karte! Kacke!

Mund abwischen und weiter geht's mit Union, die in der zweiten Halbzeit in Richtung unsere Kurve anlaufen. Das Spiel plätschert vor sich hin …
… plötzlich fliegen Raketen, die eindeutig von unserer Seite des Stadions kommen aufs Feld, eine landet sogar auf der Heimtribüne. Ein ultralauter Knalltopf explodiert neben Block 19 auf Höhe der Eckfahne, wo ein paar schwarz gekleidete Typen, die wir nicht zuordnen können, gerade Trouble machen. Bullen marschieren ein.
Gegenüber präsentiert die Malmö-Szene ein aberwitziges Banner: „Berlin ist blau-weiß." Ein paar Union-Ultras lassen sich provozieren, denn nun segeln auch auf unserer Höhe Pyrostangen auf den Rasen. Der Schiri schickt beide Teams in die Kabinen, während einige einfach weiterzündeln.
Union-DJ Wumme würde wahrscheinlich genau jetzt von *The Offspring* „The kids aren't alright", spielen.

Aus dem Chat meiner Gruppe kommen Fragen, was bei uns los sei, aber wenn man selbst im Stadion steht, spielen sich die Szenen rasant schnell ab. Erst denkt man, dass das Chaos sicherlich von Schweden (oder Herthanern) angezettelt wurde, bis einem klar wird: Hauptsächlich ging die Bambule wohl auf unsere Kappe.

Dabei ist es auch egal, ob die vermummten Krawallmeister nun Unioner oder mitgebrachte „Gäste" aus Mönchengladbach oder Cottbus gewesen waren. Letztendlich wird die Verantwortung auf den Verein, die Fanszene und den „Reisekader" verallgemeinert werden.

In Block 17 regt sich Widerstand: „Wir sind Unioner und ihr nicht", wird skandiert und hinter mir brüllt ein muskulöser Alt-Hauer: „Wenn mir jetzt einer der Typen vor die Flinte läuft, reiß ich dem die Scheiß-Maske vom Gesicht, damit ich die hässliche Fresse sehe, wo ich reinkloppe."

Was war passiert? Einige Spackos mit wenig Hirnsubstanz waren massiv durchgedreht und übertönen mit ihren Leuchtspuren und Polenböllern den guten Support der (vielen) anderen. Das gibt es in jedem Verein. Irgendeiner will sich immer mit einer idiotischen Aktion von der Masse abheben und hat dann das Gefühl, dadurch Bedeutung zu erlagen. Doch wer hat schon den Arsch in der Hose, die Provokateure zu stoppen?

Unser Club ist in der Lage, sämtliche Gefühle hochkochen zu lassen. Er kann dabei unsere besten und unsere schlechtesten Seiten offenbaren.

Mir kommen (abgewandelte) Zeilen von *Slime* in den Sinn:

„Ich will rote Farben und rote Banner, die verkünden, dass Unioner nicht verschwinden, sondern sich verbünden. Sich selbst ineinander wiederfinden und aus tausend anderen guten Gründen, tausend Leuchtfeuer zünden."

Wahrscheinlich sind in diesem Moment 90 Prozent aller Unioner angepisst, weil sie ahnen, dass sich die UEFA das nicht bieten lassen und drastische Strafen verhängen wird.

Vielleicht werden sogar alle in Geißelhaft genommen und dürfen nicht zum letzten Gruppenspiel nach Belgien reisen. Auf jeden Fall wird es Redebedarf geben, damit sich die paar Jungs nicht wieder etwas Neues einfallen lassen, womit sie die anderen enttäuschen können.

Frau Amsel verlässt geschockt das Stadion, erfahre ich später.

Nach 27 Minuten geht es – unter Auflagen – weiter: Sollte jetzt noch irgendetwas aufs Spielfeld fliegen, wird die Partie abgebrochen.

Dass inmitten dieser ganzen Scheiße, mitten im Allerschlimmsten, plötzlich eine Lichtgestalt auftaucht, macht fast alles wieder wett, denn der 1. FC Union Berlin erzielt in Unterzahl in der 68. Minute das 0 : 1 durch Becker. Er hatte mit krassem Tempo seinen Gegenspieler stehengelassen und den Ball eiskalt ins linke Toreck versenkt.

Augenblicklich ist es so, wie es sich für einen geilen Auswärtsmob gehört. Die Kurve explodiert und alle liegen sich freudetrunken in den Armen.

In den letzten zehn Minuten des Spiels sehe ich aus, wie

einer, der eine imaginäre Armbanduhr besitzt, auf die er nun ununterbrochen pocht.

Ich habe in Haifa den ersten Auswärtssieg in der Conference League des FCU live miterlebt und nun den ersten Sieg in der Europa League, mit dem Unterschied, dass ich das Tor heute mit eigenen Augen gesehen habe.
Auch dieser Fluch ist damit beendet!

Kissi, Bauknecht, Maik und ich sind fast die Letzten, die das Stadion verlassen. Wir bestellen uns einen überteuerten Uber und fahren in die Nähe meines Hotels ins „Sir Toby's".
Ich rufe Frau Amsel an und frage, ob sie dazustoßen will, doch sie möchte nach den Vorkommnissen im Stadion, wie ein verschrecktes Reh, nur noch ihre Ruhe haben und im Hotel bleiben.

Im Irish-Pub hängt ein Malmö FF-Schal quer über der Bar, aber alle sind entspannt und gratulieren uns zum Sieg. Eine schwedische Schwallbacke setzt sich sogar an unseren Tisch und labert alkoholblödes Zeug.
Nach der ersten Runde haben wir das Staropramen leergetrunken (Fass alle) und nach einer weiteren die halbe Flasche Becherovka, die hier noch vorrätig war. Wir steigen auf Carlsberg und Whisky um.
Maik ist ein feiner Kerl. Die beiden anderen sowieso. Ich schicke ein Bild von uns in Feierlaune in den Gruppenchat mit den Worten: „Still alive."

Bauknecht zahlt um 2 Uhr die komplette Rechnung. ‚Das wird an der Abseitsfalle aber noch verrechnet', denke ich, als ich siegestrunken, wie ein Otter auf Absätzen, ins Hotel wanke.

Dort sitzt eine Truppe junger Dänen auf Klassenfahrt, die mich (mit Union-Schal, Reisegruppen-Shirt und weißer Zwangsjacke) abfeiert, weil sie Malmö FF grundsätzlich ablehnen.

Ich frühstücke, laufe noch ein bisschen durch Malmö City und fahre dann zurück nach Kopenhagen. Dort habe ich ein cooles Apartment im Stadtteil Vesterbro und mache am Samstag eine Tour mit dem Rad des Vermieters durch die Olsenbande-Stadt mit der kleinen Meerjungfrau bei strahlendem Sonnenschein.

Als ich am Abend in einer St. Pauli-Kneipe lande (die demnächst in Union-Farben umlackiert wird), schreibe ich über meine Kopenhagen-Tour ein paar Zeilen in den Chat. Trueman antwortet fies: „Voll das Abenteuer!"

‚Das dumme Schwein', denke ich. Menschen verändern sich, wenn sie verreisen. Das ist wahrscheinlich der Grund, warum Trueman keine Lust verspürt hatte, nach Malmö zu fahren.

Ich antworte: „Warst du eigentlich schon mal auswärts in der Europa League mit Union unterwegs?" Er entschuldigt sich für den blöden Spruch, mit dem entsprechenden Emoji.

Akzeptiert. Nach drei Pils auf „St. Pauli Kopenhagen" schreibe ich noch einmal an die Gruppe: „Ich hatte immer Hochachtung vor Haue, der viele Spiele alleine auswärts besucht hat. Richtig so: Man lernt geile Leute kennen. Unioner sind immer für einen da! Ich würde das in Zukunft wieder machen, aber in vielen Situationen habe ich euer dummes Gelaber vermisst.

Ich freue mich schon auf die nächste Tour. In unseren eigenen Zwangsjacken!"

Auf die Fresse

Information: Die nachfolgende Geschichte schrieb ich am 14. Januar 2023.

Ich habe nunmehr seit 14 Tagen keinen Alkohol angerührt, um meiner Freundin Nadine (und mir) zu beweisen, dass ich einen Monat locker durchhalte und nicht in die „Betty-Ford-Klinik" für Unioner eingewiesen werden muss. Easy bisher. Der erste Härtetest folgt am 21. Januar. Dann heißt es: „Eisern bleiben" in der Alten Försterei.

Der Chat der „Reisegruppe Unjewiss" bildet das „Union-Forum" im Kleinen ab. Auch bei uns wird ausführlich darüber diskutiert, ob wir lieber mit 3er- oder 4er-Kette spielen sollten, welcher kroatische Linksverteidiger angeblich auf dem Wunschzettel unserer Entscheider steht, welche Spieler uns wohl verlassen werden und wo das nächste Fan-Treffen stattfindet.

Aber auch, ob der Rasen in unserem Stadion bei bestimmter Sonneneinstrahlung eher hell- oder dunkelgrün leuchtet (und welchen Einfluss das auf die Ecken von Trimmel hat).

Will sagen: Für Einige scheint es im Leben, ausschließlich den 1. FC Union Berlin zu geben. Auf die Frage: „Was bedeutet Union für dich?", werden sie antworten: „Nicht besonders viel. Nur alles. Einfach nur alles!"

Es sind Menschen, die man nicht fragen muss, wie es ihnen geht, sondern für die Antwort vorher auf die Tabelle schauen muss.

Ich gehöre nicht zur Güteklasse A, denn ich führe auch ein Leben abseits des Geschehens, mit stressigem Job, anderen Freunden, denen Fußball am Arsch vorbei geht, Urlaubsreisen (ohne zu „hoppen") und mit einer Freundin, die sich nur für Union interessiert, wenn der 1. FC Kaiserslautern versehentlich in Berlin spielt.

Dann kam der Oktober 2022 ...

Am Samstag, den 01.10.2022, fahre ich ins „Panenka", um mir ab 15:30 Uhr die erste Saisonniederlage unseres Vereins mit Mikis, Mimi, Michi, Haven und Frau Amsel reinzuziehen.

Fußballweltmeister Götze trifft für die Eintracht und Lindström macht mit einem krassen Solo die 2:0 Auswärtspleite in Frankfurt perfekt.

Dennoch bleibt Union (weil Dortmund patzt) Spitzenreiter der 1. Fußball Bundesliga. Kein schöner Start ins Wochenende, aber der Tabellen-Platz entschädigt für den trüben Nachmittag. Außerdem erhalte ich hier die Nachricht von Kissi, dass ich ein Ticket für Malmö bekomme. Saalrunde! Nadine ist bei unserem Wiedersehen weniger begeistert über meinen körperlichen Gesamtzustand.

Am Mittwoch, den 05.10.2022, fliege ich nach Kopenhagen, um tags darauf bei der Europa League Partie in Malmö aufzuschlagen. Ich berichtete davon. Erst am Sonntagabend (09.10.) kehre ich mit ambivalenten Eindrücken zurück. Nadine freut sich, dass ich heile geblieben bin.

Bereits am Donnerstag, den 13.10.2022, steht das Rückspiel gegen Malmö FF in Köpenick an. Es sind fast alle Mitglieder

der „Reisegruppe Unjewiss" anwesend und weil die Partie, wegen der Vorkommnisse in Schweden, kurzfristig von den Behörden als „Risikospiel" eingestuft wurde, muss in einer Druckbetankung bis 21 Uhr der Wohlfühlpegel übererfüllt werden.

Ein Elfmetertor von Knoche in der 89. Minute zum 1 : 0 Sieg sorgt dafür, dass wir – trotz Pegeltiefstandes – durchdrehen. Nun werden wir definitiv europäisch überwintern.

Ab 23 Uhr wird das Promille-Höchstlevel des Tages an der „Abseitsfalle" ertrunken.

Nadine schreckt aus dem Schlaf hoch, als ich um 1 Uhr ins Schlafzimmer hineinrandaliere, um ihr die freudigen Nachrichten zu überbringen. Mich (und Union) findet sie gerade richtig Scheiße.

Teil 4 folgt am Sonntag, den 16.10.2022. Unsere Mannschaft muss im Bundesliga-Spitzenspiel gegen Borussia Dortmund bestehen.

Die Partie wird bei Sonnenschein um 17 : 30 Uhr angepfiffen, sodass ich mein Mädchen vorher noch auf ein Eis in Karlshorst einladen will.

Die Diele „Prinzeneis" hat jedoch geschlossen. Um 15 : 30 Uhr verabschiede ich sie unverrichteter Dinge und fahre in Richtung Stadion.

Der Rührer war noch nie bei einem Sieg gegen den BVB im Stadion dabei gewesen, weshalb alle ziemlich nervös sind, denn er ist da.

Doch der Fluch wird durch zwei Tore von Haberer zum glanzvollen 2 : 0 beendet und vor lauter Glück darüber, hat unser Chef nach dem Spiel die Spendierhosen an. Wir feiern die Tabellenführung des 1. FC Union nach dem 10. Spieltag mit vier Punkten Vorsprung auf die Bayern!

Nadine muss den „Tatort" in der ARD heute leider ohne mich schauen.

Am Montag, den 17.10.2022, bin ich auch nicht anwesend, um mit ihr über ein mögliches Union-Alkoholproblem zu sprechen, denn im „Panenka" läuft die rbb-Reportage „Unser Verein: Eisern Union", als Preview.

Neben der Kneipentruppe um Mikis, Mimi und Frau Amsel sind fast alle wichtigen Protagonisten, wie Potti (Wolfgang Matthies), der TAZ-Unioner (Olaf) und Künstler „Andora" anwesend. Wir feiern den emotionalen Streifen mit Zigaretten und Bieren noch lange vor der Kneipe.

Nadine fragt mich bei meiner Heimkehr: „Ist bei dir eigentlich noch alles in Ordnung? Schon wieder Union?"

Nun ja, am Mittwoch, den 19.10.2022, muss ich erneut mit der S-Bahn in Richtung Südosten fahren. Der FCU spielt in der 2. Runde des DFB-Pokals gegen Heidenheim, und wer darf da nicht fehlen? El Rubio!

Allerdings muss ich mich zusammenreißen, weil ich den 16-jährigen Sohn Timmi meines Freundes Agent Mü an der Backe habe, auf den ich heute aufpassen soll. Nachdem ich jedoch sehe, dass er nach dem zweiten Bier an der „Abseitsfalle" noch nicht umfällt, entspannt sich die Situation.

Unser Team erreicht durch ein ungefährdetes 2 : 0, nach Toren von Puchacz und Michel, das Achtelfinale des Pokalwettbewerbs.

Nach dem Spiel frage ich Nadine um 23 Uhr per WhatsApp, ob sie mich noch lieb hat und Agent Mü, ob Sohnemann Timmi (mit dem Fahrrad) sicher zu Hause angekommen ist.

Beide sind kurz angebunden, aber: Ja.

Die Klimakrise erlaubt es, dass ich am Sonntag, den 23.10.2022, selbst noch mit dem Rad herumfahren kann. Ich drehe mit Nadine eine Runde in Prenzlauer Berg und diesmal funktioniert es sogar mit dem Eis an einer Diele. Vor dem „Panenka" verabschieden wir uns, denn ich muss hinein: Union spielt in Bochum.

Wir verlieren als Tabellenführer gegen den Tabellenletzten mit 2 : 1. Ein gebrauchter Tag, wenngleich Union weiterhin ganz oben steht. Auf dem Heimweg kaufe ich eine Pizza, die ich mit Nadine auf unserem Balkon esse. Was für ein goldener Oktober. Bis auf die Bochum-Kacke!

Am Dienstag, den 25.10.2022, schaue ich mit meiner geliebten Pfälzerin noch einmal die „Eisern Union"-Reportage, welche heute zur Primetime im rbb-Fernsehen läuft. Und sie verdreht nicht die Augen, ganz im Gegenteil. Nadine ist gerührt von der krassen Historie unseres Vereins und lacht sich darüber schlapp, dass ihr verschwitzter Freund sogar in einer kurzen Sequenz im „Panenka" zu sehen ist.

Der Witz: Gedreht wurde ausgerechnet beim unansehnlichen 0 : 0 in Mainz und bei 35 Grad im Pub. Ich bekomme etliche Nachrichten für meine drei Sekunden Ruhm. Den Film haben also viele gesehen, sogar meine Hertha-Freunde Pascha und Oskar.

Am Donnerstag, den 27.10.2022, geht der unfassbare Union-Oktober weiter: Wir spielen gegen Sporting Braga. Es geht heute darum, an den Portugiesen in der Tabelle vorbeizuziehen, um die Möglichkeit des Verbleibs in der Europa League (statt Conference League) im Februar 2023 in eigener Hand zu haben.

Sogar die Erfurter Strolche Gary Glitter, Betty Blue, Nina und Jaschin sind zum letzten Euro-Heimspiel des Jahres gekommen und so ist jedes Bier ein Durchläufer. Also ununterbrochen oben rein und kurze Zeit später unten wieder raus. Besonders Stonis Pionierblase leidet.

Es ist ein zähes Spiel, aber Unioner akzeptieren, nach dem Aufstiegs-Drama gegen Stuttgart 2019, auch VAR-Eingriffe der Schiedsrichter.

Nach Videobeweis verwandelt Robin Knoche in der 68. Minute den berechtigten Handelfmeter souverän zum 1 : 0 für die Guten.

Nur ein Eskimo, ein finnischer Angler, ein Professor aus Hamburg und eine pinkelnde Person haben das Tor (weltweit) nicht gesehen.

Ihr habt die Haifa-Story hoffentlich aufmerksam gelesen, also ahnt ihr, wer der vierte Depp war, der beim Treffer nicht in der Kurve stand.

Als er zurückkommt, sieht er, wie Haberer die Vorentscheidung knapp vergeigt, muss bis zur Schlussminute bangen und etliche Schreckmomente überstehen, bis er seinen Freunden in den Armen liegen kann. Dann rennt er zusammen mit Glitter mit ausgestreckten Armen, wie eine Interflug-Maschine, durch die Reihen in Block R.

Es ist der dritte 1 : 0-Sieg in Folge in Europa. Wenn wir jetzt auch noch in Belgien gewinnen, spielt der glorreiche 1. FC Union Berlin im Jahr 2023 weiterhin in der Europa League. Was für eine krasse Geschichte wird hier denn gerade geschrieben?

Spoiler: Natürlich werden wir für die Vorkommnisse in Malmö kollektiv bestraft. Kein Unioner darf in Belgien offiziell ins Stadion. Ein „Fuck off" geht an die Sektion „Polenböller" und Hut ab für die lautstarken Kranken, die es doch noch auf die Tribünen schaffen.

Union gewinnt auswärts mit 0:1 und Glitter schreibt in Chat: „Wir trinken oft, wir trinken viel, das Triple ist unser Ziel!"

Die Partie gegen Braga hatte um 18:45 Uhr begonnen, weshalb wir uns nach dem Spiel bereits um 21 Uhr an der „Abseitsfalle" sammeln.

Leider habe ich am morgigen Freitag ein wichtiges Online-Meeting mit den Bossen meiner Firma. Also steige ich auf der Rückfahrt in Rummelsburg aus, um brav nach Hause zu gehen. Natürlich nicht!

Vom Bahnhof Ostkreuz schwanke ich, wie ein Otter in Gummistiefeln, mit meinen geliebten rot-weißen Erfurtern und fast allen Berlinern in die „Tagung", wo wir versacken. Aber mal so richtig!

Haue spendiert aus der Ferne per PayPal eine „Ente", was in der Kneipe eine entenförmige Porzellan-Kanne ist, die mit einem Liter „Pfeffi" gefüllt ist. Etliche „Mexikaner" wechseln zudem den Besitzer.

Um 1 Uhr bin ich blitzeblau. Ich verschütte (traditionell) ein randvolles Bier auf Glitters Hose, während gerade „Generator" von *Bad Religion* aus den Boxen ertönt: „Like a rock. Like a planet. Like a fucking atom bomb!"

Insbesondere mit Nina und Jaschin feiere ich, als ob es keinen Morgen gibt. Irgendwann überreicht mir die rotwangige Nina unser Maskottchen, den Kuscheltier-Otter, und ich schaffe es um 2 : 30 Uhr endlich, mich aus der Kneipe zu saufen. Der bestellte Uber-Fahrer will mich nicht mitnehmen. Warum nur? Dann totaler Blackout …

Um 9 Uhr wache ich auf und renne halbnackt zu meinem Rechner in der Küche. Auf der Wohnzimmercouch liegt „Würgen der Halbgare" (Jürgen). Ich wusste nicht, dass wir Besuch haben, aber unseren Freund hat Nadine wahrscheinlich gestern aus dem „RockZ" (Donnerstags-Runde bei Mölle) zum Ausnüchtern angeschleppt.

Ich frage ihn panisch: „Wo ist meine Hose?" Er richtet sich auf und brüllt, laut lachend: „Alter, wie siehst du denn aus?"

Keine Ahnung, doch ich eile ins Bad und starre in den Spiegel. Mein komplettes Gesicht ist eine regelrechte „Schotter-Fresse". Nase, Kinn und alle Partien rund um den Mund sind blutig-verschorft, so als hätte ich tierisch eine aufs Maul bekommen. Das weiße Reisegruppen-Shirt ist rot besprenkelt und meine Schneidezähne wackeln bedenklich. Ich weiß aber echt nicht, was geschehen ist.

In nunmehr zwei Minuten steht mein Teams-Meeting an. Meine Hose ist noch immer verschollen. Nadine kommt in die Küche und ruft: „Ach du Scheiße. Bluten für Union, oder was?"

Ich bedeute ihr mit dem Finger vor dem Mund, ruhig zu sein und erkläre meinen Chefs, dass es gerade Probleme mit meiner Laptop-Kamera gibt. Die zwei Stunden manage ich, ohne Live-Bilder, halbwegs souverän.

Danach schicke ich ein Foto von meiner zerschundenen Hackfresse in den Union-Chat und schreibe: „Suboptimal gelaufen."

Haue schreibt als erster: „Auf die Fresse!", und erntet dafür 12 „Ich-lach-mich-schlapp-Smileys". Kurz darauf meldet sich der Rührer zu Wort: „Einer fällt immer vom Klettergerüst!" Ich denke an einen Song von *Serum 114*: „Danke, für all die warmen Worte!"

Meine Hose taucht auf dem Balkon auf. Auch der Otter und mein Union-Schal sind noch da. Auf Star FM läuft von den *Beatsteaks*: „You in your memories". Und allmählich kommen die Erinnerungen zurück.

Ich muss anscheinend mit dem Kuscheltier in der einen und einer Kippe in der anderen Hand, beim Nachhause-Wanken am Ostkreuz gestolpert und ungebremst auf mein hässliches Unioner-Gesicht gefallen sein.

Am Nachmittag kommt Trueman mit Tochter Amy vorbei und bringt mir eine Karte für das Gladbach-Spiel. Sein Mädchen erschreckt sich tierisch bei meinem Anblick. Ich murmele: „Ist doch bald Halloween!" Sie schaut mich an, als hätte ich ihr gerade eine Camel und einen Becherovka angeboten.

Als sie weg sind, öffne ich mir ein Konterbier, weil ich mich heute eh nur flüssig ernähren kann und höre *NOFX*: „I looked into the mirror and got a big surprise. I don't know who this person is … I don't like me anymore."
Am Sonntag, den 30.10.2022, mag ich mich noch immer nicht, fahre aber mit der S-Bahn in die Alte Försterei.

Körperlich geht es mir halbwegs gut, nur dass ich mittlerweile aussehe, wie Charlie Chaplin in: „Der große Diktator", um den Arschloch-Namen nicht schreiben zu müssen.

Ich setze mir mein schwarzes Union-Basecap und eine Sonnenbrille auf, doch die Schotterfressen-Kruste um meinen Mund hat sich zu diesem fiesen Bart entwickelt, der überall für Belustigung sorgt.

Egal, Union spielt gegen unsere Freunde aus Mönchengladbach!

Des Rührers Frau Silke ist eingesprungen, weil Tochter Anne kurzfristig nicht konnte und ich bin die ganze Zeit echt fies zu ihr: „Wenn wir heute verlieren, darfst du nie wiederkommen", ist noch mein freundlichster Spruch, obwohl ich sie eigentlich mag. Ich kann manchmal so ein Arsch sein, wenn ich von eigenen Unzulänglichkeiten ablenken will. Zum Glück sind Matze und Paula heute nicht da. Die hätte ich endfertig gemacht.

Letztendlich wird es das Spiel der Spiele im Oktober 2022. Gladbach führt zur Halbzeit mit 0 : 1 und ist auch das klar bessere Team.

In den zweiten 45 Minuten kreischen wir unser Team gnadenlos nach vorn. Das wird belohnt: Der von Urs Fischer eingewechselte Behrens köpft, nach einer präzisen Flanke von Leite, in der 79. Minute, das längst fällige 1 : 1 in die Maschen. Ich klatsche mit Rührers Frau ab.

In der 87. Minute geht nach Ryersons Flanke ein Raunen durchs Stadion.

Und tatsächlich: Trimmel trifft per Kopf zum 2 : 1 ins kurze Eck! Wir drehen komplett frei und Silke weiß nun, was eine kollektive Bierdusche ist, auch wenn sie von Fußball nicht viel versteht.

Leckarsch! Der Treffer wird wegen einer knappen Abseitsstellung, nach VAR-Eingriff, zurückgenommen. Ich wittere Betrug. „Du bringst nur Unglück", murmelt der Junge mit dem Chaplin-Bärtchen. Sie antwortet atemlos: „Ich bekomme gleich einen Herzinfarkt", doch ich erkläre ihr, dass dieses Gefühl bei Union genau richtig und gut ist.

Ich arrangiere mich gerade mit dem Unentschieden, als es nochmal Ecke für uns gibt. Leweling flankt an der Waldseite von links hinein und findet Doekhi, der mit der allerletzten Aktion (!) in der 97. Minute (!!) zum 2 : 1 Siegtreffer (!!!) für Union einköpft. Wir eskalieren und jubeln minutenlang. Es ist vergleichbar mit dem Aufstiegs-Schrei von 2019. Union ist in der Lage, mich immer wieder aufs Neue zu verblüffen.

Eines der geilsten Spiele der letzten zwei Jahre ist soeben mit Glücksfee Silke zu Ende gegangen. Ich umarme sie und verpasse ihr eine Herzdruckmassage und Rambo murmelt hinter uns seine ersten Worte des Tages: „Kannst wiederkommen."

Auch Nadine hat vor meiner Heimkehr bereits mitbekommen, dass wir in letzter Sekunde gewonnen haben. Ich drücke sie und sage: „Ich liebe dich über alles auf dieser Welt. Und keine Angst, ich bin nun echt ein bisschen übersättigt. Im November wird es definitiv ruhiger."

Was sie nicht weiß: Am 03.11.2022 spielt Union in Belgien, am 06.11. in Leverkusen und am 09.11 zu Hause gegen

Augsburg …

Ach so: Am 21.01.2023 wird der Aufenthalt in meiner kleinen Oase ohne Alkohol beendet, denn ich trinke meine ersten drei Biere des Jahres im „Wohnzimmer" An der Alten
Försterei.

Das Spiel, bei stürmischem Eisregen, gegen Hoffenheim
hätte man aber alternativ auch nur mit Herztropfen über-
standen.

Union verschießt durch Siebatcheu in der 25. Minute
einen Handelfmeter und läuft bis zur 73. Minute einem 0 : 1
Rückstand hinterher.

Doch zwei Tore von Doekhi (das zweite in der 89. Minute!)
und eines von Leweling in der Nachspielzeit beschert uns
ein geiles 3 : 1 Erlebnis und Platz 3 in der Bundesliga-Tabelle
zum Jahresbeginn.

Gut, über meinen ersten Absturz des Jahres im Anschluss
könnte man diskutieren, aber immerhin flog ich diesmal
nicht: „Auf die Fresse!"

Amber aus Amsterdam

Oh, eine Niete. Am 11. Januar 2023 werden die Gewinner der Verlosung für die Tickets der Partie Ajax Amsterdam gegen den 1. FC Union in der Europa League per E-Mail vom „Zeughaus" benachrichtigt. Der Witz: Fast niemand erhält eine freudige Botschaft, sondern 95 Prozent aller Teilnehmer gehen leer aus.

In der „Reisegruppe Unjewiss" gewinnt nur Keule eine Karte (bei 40 Losen, die für uns im Einsatz waren) und auch bei Bekannten und den Leuten im Union-Forum wird diese miese Quote erzielt.

Es brodelt in der „Normalo-Szene". Die meisten sind stinksauer über die fehlende Transparenz unseres Vereins bei den Vergabekriterien.

2.500 Karten stehen dem Auswärtsmob eigentlich zu, aber wie viele letztendlich – nach der Abgabe an Fanclubs, Ultras, VIPs, Angestellte und Spielerfrauen – noch im Lostopf waren, ist nirgends dokumentiert.

Leidlich wird bemängelt, warum „Pyromanen & Friends" bei der Vergabe bevorteilt werden, während Leute, die seit 30 Jahren Mitglied sind, das Stadion umgebaut und für Union geblutet haben, nun beim Spiel des Jahrhunderts bei RTL in die Röhre schauen müssen. Beim Lesen der Wortmeldungen im Union-Forum läuft *Weezer* in meiner Küche: „The world has turned and left me here."

Ich sehe die Sache differenzierter: Unsere Ultras und viele Mitglieder der Fanclubs fahren zu jedem Spiel und engagieren sich intensiv im Verein.

So gesehen, ist es nachvollziehbar, dass sie eine größere Menge des Auswärtskontingents bekommen. Es sollte nur ein transparenter Vergabe-Schlüssel von Union erarbeitet werden. Irgendwann.

Dann schreibt der Rührer: „Wir sind Unioner! Wir fahren trotzdem und machen aus allen Kneipen Wüsten. Wir gehen auch durch geschlossene Zaunfelder ins Stadion. Nur die „Reisegruppe Unjewiss", ihr Otter!"

„I dont care what they say about us anyway", ertönt es aus der Anlage. Viele haben schon vor der Verlosung Züge und Hotels gebucht und werden auch ohne Tickets nach Holland fahren. Unioner sind trotzig!

Unsere Gruppe macht da keine Ausnahme. Schnell haben sieben Leute fest zugesagt. „Oh yeah. Alright. Feels good. Inside!", singen *Weezer* in meiner Küche. „Union is a heart-breaker."

Bis zum 11. Februar 2023 hat sich die Karten-Situation nicht verbessert. Wir werden am Mittwoch mit sechs Leuten in die niederländische Hauptstadt reisen und haben genau ein Ticket. Marx, der erst am Donnerstag startet, hat noch Aussicht auf eine Karte (über Geschäftsfreunde) im Heimbereich per Ajax-App.

Am heutigen Samstag spielt Union auswärts bei Brause. Während die komplette Sektion Erfurt und WITZEL den 1. FCU im Zentralstadion Leipzig unterstützen werden, habe ich für den Rührer und mich zwei Stühle am Stammtisch von Mikis im „Panenka" reserviert.

Schön, aber gleichzeitig unerträglich dabei ist, dass auch Frau Amsel und Conny am Start sind. Sie reiben uns rotzfrech ihre Ajax-Tickets unter die Nase und wir schmachten sie vergeblich an.

Irgendwann sage ich genervt: „Jetzt wird mir langsam klar, warum ihr beide noch immer Singles seid. Mit euch will doch eh keiner fahren!"

Frau Amsel kontert trocken: „Wir sind Singles, weil es in Berlin fast nur noch alte weiße Männer gibt, die ein massives Alkoholproblem haben."

Wir vertragen uns wieder, denn Union gewinnt mit 1:2 gegen den Spaßbremsen-Verein des Dosenproduzenten.

Ungeachtet der vielen Wendungen und der unfassbaren Euphorie danach, steht der 1. FC Union Berlin nach dem 20. Spieltag mit 42 Punkten auf Platz 2 der 1. Fußball Bundesliga. Einen Punkt hinter den Bayern.

Der Abstieg konnte also erneut vermieden werden. Wenn auch denkbar knapp ... wir brauchen neue Ziele!

Der Rührer und ich feiern den Sieg gebührlich und versuchen in einem letzten Akt der Verzweiflung, doch noch an die Karten von Frau Amsel und Conny zu gelangen. Es entstehen dabei zweideutige Fotos, die ich dummerweise in unserem Chat poste.

Keule schreibt nach acht Millisekunden: „Was macht ihr denn da mit dem süßen Betonpony und der kleinen Tittenmaus? Da wo wir zum Angriff blasen. Eisern Union!"

‚Alter, des Rührers Tochter Anne ist auch im Chat', denke ich und daran, dass er uns seit Tagen mit „News" bombardiert, wo, wann und von welcher Hooligan-Fraktion wir in

Amsterdam aufs Maul bekommen.

Außerdem sollen wir nur in kleinen Gruppen, mit neutralen Klamotten und ohne Gesänge durch die dortigen Straßen ziehen. Allein das ist komplett ausgeschlossen, wenn der Rührer, Nina und Jaschin dabei sind.

Laut Keule sind Unioner nur zu Hause sicher, aber dafür sind Unioner nicht gezeugt worden.

Irgendwann kommt Kneipenchef Robo an den Tisch und fragt: „Wie viele Biere hattet ihr beiden eigentlich?" Der Rührer antwortet: „Alle!"

Es fühlt sich so an. Wir haben manchmal ein massives Alkoholproblem.

Bei unserer Verabschiedung sage ich zum Rührer: „Die Mädels finden uns nun richtig kacke." Er antwortet: „Aber wir haben alles gegeben!"

Am Sonntag bekommt der Rührer eine Nachricht von Conny, dass er ihre Karte abholen kann, weil sie uns, nach langem Abwegen, wegen ihres neuen Jobs (Probezeit, Termine), die Karte zur Verfügung stellt. Er fährt sofort nach Mitte und meldet Vollzug.

Am Dienstag ruft mich Frau Amsel an und sagt, dass sie krankgeschrieben sei und ihr Lungenarzt von einer Reise abrate. Ich hinterfrage nicht, warum sie ausgerechnet mich kontaktiert hat und kassiere das wichtige Ticket in Lichtenberg, nachdem ich meiner Lieblings-Schwedin noch beim Möbelrücken helfe, ungeniert ein.

Wir haben am Tag vor der Abreise drei Ajax-Karten.

Geilomat!

„Zisch, Zisch, Zisch, Zisch. Gluck, Gluck, Gluck, Rülps, Rülps, Aaahhh."

Soeben waren vier Dosen Bier aufgerissen worden, jeder hatte drei große Schlucke in sich hineingekippt, zwei Jungs hatten gerülpst und alle das Ritual mit einem glückseligen Seufzer beendet.

Es ist morgens um 10 Uhr in Deutschland und endlich fahren wir mal wieder vom Ostbahnhof mit dem Zug zu einem Auswärtsspiel.

Der Rührer, Stoni und Rambo „verkindln" allerdings allmählich, weil sie sich jeder eine Dose (Hertha-Plörre) Berliner Kindl aufgezogen haben.

Egal, alle sind bestens gelaunt. Nur die Zugbegleiterin nicht. Nachdem wir in Wagen 6 mit dem zweiten Bier anstoßen, keift sie: „Benehmt euch gefälligst! Ich bin dafür bekannt, dass ich den Zug auch anhalten und Leute aussteigen lasse!"

Am Hauptbahnhof setzt sich eine Frau nebenan an den Tisch und berichtet, dass ihr die Dame von der Deutschen Bahn, zwei Minuten vor Abfahrt, auf die Frage, ob dies der Zug nach Amsterdam sei, geantwortet hat: „Erst einmal sagt man ‚Guten Morgen', bevor man eine Frage stellt." Wir prosten ihr zu und ja: Es ist der Zug nach Amsterdam!

Die Fahrt ist relaxt. Wir quatschen, spielen Karten und rauchen bei allen Zwischenstopps drei, vier Züge auf den jeweiligen Bahnsteigen.

An der Grenze zu unserem Nachbarland Niederlande wird die Tour jedoch problematisch: Zu viele Kindl-Trinker im Kader. Das komplette Bier ist alle!

Stoni, den wir in die Mitropa schicken, berichtet bei seiner Rückkehr: „Der Quiring sitzt im Wagen nebenan mit ein paar Jungs aus der Szene und weiter hinten wird ununterbrochen gesungen?" Der Rührer fragt: „Und das Bier?" „Ausverkauft", antwortet er achselzuckend.

Nun wird es eine komplett andere Reise, denn das Geräusch einer sich öffnenden Becherovka-Flasche ist alsbald zu hören.
Rambo und ich spülen sich nur kurz den Rachen aus, aber Stoni und der Rührer trinken das Gesöff im Eiltempo. Ab sofort beschallen sie unseren Wagen mit Union-Liedern und schnell lichten sich die Reihen. Alles, was sie von sich geben, klingt so, als hätten sie schätzungsweise zwölf Bier und zehn Schnäpse getrunken.

Manchmal ist es für Außenstehende demnach interessant, wie sich normal angetüdelte Menschen in Wachkoma-Patienten verwandeln können. Kurz vor Amsterdam sind die Jungs nicht mehr ansprechbar.
Nina fragt im Chat, wann wir ankommen, und Rambo schreibt: „16 : 49 Uhr. Centraal". Sein erster Satz ist diesmal eine WhatsApp-Nachricht.

Der Rührer und Stoni können nach dem Ausstieg nicht mehr laufen. Wir bewahren sie davor, ins Gleisbett und die Treppen hinunterzufallen. Dennoch krachen sie laufend, wegen Körper-Doofheit, gegen Hindernisse und über das Drehkreuz am Ausgang müssen wir sie hinüberheben.
Somit entscheiden die beiden Menschen mit einem Pegel von nur 1,5 Umdrehungen, dass wir mit dem Taxi (statt der

Metro) zum Hotel fahren.

Vor dem „Meininger Amstel Hotel" stehen Nina und Jaschin mit einer Dose Bier in der Hand und lachen sich schlapp über unsere zwei Totalausfälle. Meine Freude ist groß, sie zu sehen!

Ich hatte das Zimmer gebucht und bekomme das Einchecken mit Rambo problemlos hin. Wichtig: Wir haben drei Schlüsselkarten, denn Stonis Silhouette erinnert mittlerweile an ein Fragezeichen. Der Rührer pennt bei den Erfurtern zusammen mit deren Hund namens Henry.

Nachdem wir die Klamotten abgeschmissen haben, treffen wir uns an der Hotel-Bar. Ins Zentrum können wir mit Stoni und dem Rührer heute nicht mehr fahren. Sie haben die Fähigkeit zu laufen weitestgehend verloren.

Dennoch kaufe ich mit Jaschin für alle ein Wegbier Heineken (zwei mit 0,0 Prozent für die Spastis), um mit diesem in eine etwa 500 Meter entfernte Kneipengegend zu laufen.

Bereits an der ersten ernstzunehmenden Stufe überschlägt sich der Rührer und fällt mit seinem alkoholfreien Bier aufs Maul. Die Flasche explodiert dabei regelrecht in seiner Hand. Glück im Unglück: Er schneidet sich nicht die Pulsader auf. Lediglich ein Loch ziert seine neue Trekking-Hose auf Kniehöhe. Eisern Union!

Herr Stoni wird derweil fünfmal beinahe von Fahrrädern überfahren und seiert ununterbrochen: „Wie weit ist es denn noch?"

„Nicht weit!", beruhige ich ihn. Wir Nüchternen entscheiden uns sofort für die erste Kneipe auf dem Weg und landen somit im „Sissi's".

Es stellt sich als eine israelische Restaurant-Bar heraus, in der ein junger Kellner sofort hilfsbereit einen großen Tisch für uns sechs zusammenstellt.

Nach zwanzig Sekunden haben wir (in alter Haifa-Tradition) nur noch fünf Sitzgelegenheiten, weil Stoni beim Hinsetzen einen doppelten Rittberger, inklusive Rückwärtsrolle, macht und dabei seinen Stuhl komplett zerlegt.

Ich sende ein Bild davon in den Eisern-Chat mit den Worten: „Es geht los!" Trueman fragt aus der Ferne: „Wurde der Stuhl gerührert?"

Rambo antwortet: „Nee, stonisiert." Er wird langsam zur Quasselstrippe. Mit einem Kuli schreibe ich Stoni die Zimmernummer 410 auf den Unterarm und male ein Otter-Tattoo darunter.

Wir ordern zwei Heineken-Silver-Pitcher (1,5 Liter) zu 20 € das Stück und Wasser für unsere zwei Volltrunkenen, die das gar nicht merken. Stoni tschilpt lediglich wie eine Schnapsdrossel: „Ganz schön leicht die Plörre."

Tulpen, die in einer Blumenvase stehen, werden unserem Otter-Plüschtier in den Arm gesteckt. Danach bedient sich der Rührer versehentlich aus der Vase, in der Annahme es sei die Wodka-Pulle. Wodka und Salman hatte Jaschin natürlich auch geordert (in Gläsern!).

Wir bestellen Arayes (mit Hackfleisch, Joghurt und Würzpaste gefülltes, arabisches Fladenbrot) und knusprige Pommes, die mit Chilisauce und eingelegten Zwiebeln serviert werden. Es schmeckt grandios.

Stoni seiert: „Ist aber nicht Steak au four?" Perlen vor die Säue!

Exkurs: Meine Geschichten spiegeln in der Regel zu 95 Prozent das tatsächliche Geschehen wider. Ich habe gar nicht das schriftstellerische Talent, mir Dinge auszudenken. Demnach bin ich beim Schreiben der Storys im Nachhinein immer froh, dass dies nicht nötig ist. Es geschehen oft Dinge, die man sich gar nicht ausdenken kann.

Neben unserem Tisch führt eine Treppe hinunter in den Raucherbereich, der sich als riesiger, mit Zelten überdachter, Innenhof herausstellt und im Sommer sicherlich ein cooler Biergarten ist.

Der Rührer setzt sich sogleich mit seinen zwei Zentnern Lebendgewicht auf die Kante einer langen Bierbank. Das Ergebnis dürfte bekannt sein.

Er macht eine Tkatschow-Grätsche und katapultiert die Bank hinter seinem Rücken nach vorn. Sie fliegt fünf Zentimeter an Stonis Schläfe vorbei und landet dann krachend auf dem Boden. Das kann man sich gar nicht ausdenken! Völlig ungerührt, steht der Rührer wieder auf, setzt sich, diesmal mittig, auf eine andere Bank und spielt zu *Metallicas* „Screaming Suicide" Luftgitarre. Unser Lachen füllt den kompletten Innenhof aus.

Gegen 22 Uhr taucht plötzlich Dan (der Chef der „Tagung" in Berlin) im Restaurant auf. Mölle (der Chef des „RockZ" in Berlin) hatte unseren Standort aus meiner App „Beer with me" an ihn gesandt.

In dieser drückt man auf das „Bier-Symbol", wenn man irgendwo säuft und jeder kann, weil die Koordinaten angezeigt werden, dazustoßen.

Dan tut mir ein bisschen leid, weil nun alle schon ziemlich abgeräumt sind, zumal er 25 € für einen Uber ausgegeben hatte.

Nur Nina und Jaschin können eigentlich noch mit ihm kommunizieren, wobei sich auch das nach dem siebten Pitcher und diversen Absolut Wodka irgendwann erledigt.

Auf dem Heimweg zum Hotel macht Nina ein Foto von uns von hinten:

Fünf alte, weiße Männer mit einem massiven Alkoholproblem wanken eingehakt zurück zum Hotel. Die „Reisegruppe Unjewiss" bettet sich gegen 1 Uhr zur Nachtruhe.

Am Tag des Spiels treffen wir uns um 9 Uhr zum Frühstück. Stoni hat ein dickes und der Rührer ein verschorftes Knie, aber ansonsten haben sich alle Muskeln entspannt, insbesondere die Zunge. Auch im Kopf sind wir wieder halbwegs klar. Alle sehen lediglich so zerknittert aus, wie der Riechkolben von Ninas Hund Henry.

Ich kaufe an der Rezeption Metro-Tagestickets für alle und gegen 11 Uhr fahren wir mit der Linie 54 von der Amstel-Station zur Waterlooplein.

Der Rührer will unbedingt eine Grachtenfahrt machen und hier befinden sich, laut Google Maps, etliche Kanäle. Am Bahnhofskiosk will er zudem sofort Bier kaufen, aber alle rollen mit den Augen.

Es gibt also weder ein Konterbier, noch eine Schifffahrt, denn die hiesige „Hop-On-Hop-Off-Station" wird momentan nicht bedient. Wir halten die Daumen in Tramper-Manier heraus, aber kein Boot hält. Dafür winken uns etliche Unioner auf den Schiffen freudestrahlend zu.

Plan B. tritt in Kraft: Wir müssen doch eine Trommel Bier bestellen! Das Wetter ist überraschend gut, sodass sich die Außenbestuhlung des „Café 't Hooischip" dafür geradezu anbietet. Ich sende ein Bild von unseren Halblitergläsern in den Chat und schreibe „Standort geteilt." Keule antwortet nach zehn Minuten: „Standort abgelaufen."

Nein, denn genau hier entscheiden wir, die Verlosung unserer drei Tickets für das Ajax-Spiel stattfinden zu lassen. Nina kritzelt auf sechs kleine Zettel unsere Namen, faltet sie und legt sie in einen unbenutzten Aschenbecher. Dann bitten wir die hübsche, blonde Kellnerin zu uns an den Tisch.

In meinem Kopf läuft *Weezer*, als ich sie nach ihrem Namen frage. „My name is Amber. I'm carryin' the beer", sagt sie lächelnd und ich erkläre ihr: „Okay, Amber, du bist nun die wichtigste Person dieser Reise, denn du entscheidest, wer von uns heute Abend ins Stadion geht!"

Amber, die ein schwarzes Dropkick Murphys T-Shirt trägt, das ihre prallen holländische Brüste positiv betont, stellt sich der Herausforderung.

Die ersten drei Gezogenen dürfen hinein, so hatten wir es vorher gemeinschaftlich vereinbart. Amber zieht die Lose ...

„Stoni", ruft sie nach dem Aufblättern des ersten Zettels. Er springt auf und brüllt: „Amber, I love you!" Später wird er sich dafür schämen, aber ganz ehrlich: Jeder von uns, der als erster gezogen worden wäre, hätte wahrscheinlich ähnlich reagiert. Berliner schämen sich eher selten.

„Rambo", sagt sie danach. Der murmelt lediglich: „Thank you!" Sein erster, aber wahrscheinlich wichtigster Satz des Tages.

„Nina", ruft Amber beim dritten Los. Meine Lieblings-Erfurterin schaut hinüber zu ihrem Freund und nuschelt: „Nein, ihr Berliner habt euch viel intensiver gekümmert und ohne Jaschin gehe ich sowieso nicht hinein."

Es wird also erneut gezogen – wir nennen es Wildcard.

„El Rubin", sagt Amber und meint damit mich, denn es steht tatsächlich „El Rubio" auf dem Zettel. Ich nicke nur kurz und traue mich nicht, zum Rührer hinüberzuschauen. Was für eine Kacke, aber geil!

Danach ist die Stimmung zugegebenermaßen different. Der Rührer will eine Grachtenfahrt machen, währenddessen die „Gewinner" lieber zum Union-Treffpunkt am DAM gehen wollen, um vielleicht doch noch ein Ticket für unseren inoffiziellen Anführer zu ergattern.

Auf der wirren Suche nach einem Boots-Anleger entdecken wir eine Sportsbar namens „Coco's Outback" in der Rembrandtlein. Es sind zwar alle buchbaren Tische für den heutigen Abend reserviert, aber, wenn man früh genug käme, hätten sie vielleicht noch Plätze.

Am Rijksmuseum und am dahinter gelegenen, riesigen Platz frage ich jeden erkennbaren Unioner (mittlerweile füllt sich die Stadt) nach einer Karte. Nichts! Wir trinken frustriert Bier für 7 € aus Plastikbechern.

Das müde Lächeln (bei der Frage nach einer Karte) findet

am DAM seinen Höhepunkt. Hier läuft ein Typ mit einem Schild herum: „Suche 7 Tickets". Ein krasser, unerfüllbarer Wunsch!

Irgendwann (nach einem 9 € Bier am Hauptplatz) wird uns klar: Wer es bis hierher geschafft hat, wird keine Karte mehr zum Verkauf anbieten.

Stoni, Rambo und ich kaufen den, von der Szene angebotenen Motto-Schal des „Reisekaders" für 10 € und ahnen, dass dies ein weiterer Tiefschlag für einen der „Reisegruppe Unjewiss" sein wird.

Auf dem Weg zur nächsten Metrostation laufen wir erstmals durch das Rotlicht- und Kiffer-Viertel der Stadt. Keiner aus unserer Truppe hat eines dieser Hobbys. Joints (oder Nutten) würden mich heute tatsächlich endfertig machen. Was für eine emotionale Tour.

In meinem Kopf läuft ein Song von den *Sportfreunden Stiller*: „Amber, ich wollte dir nur mal eben sagen, dass du das Größte für mich bist."

Am Meininger-Amstel-Hotel treffen wir Marx, der nun auch eingetrudelt ist. Und jetzt mal Butter bei die Fische: Marx ist derjenige, der seit über einem Jahr dem Alkohol abgeschworen hat. Wie gesund und glücklich er aussieht, ist einfach nur bewundernswert.

Das denke ich nach jedem Kater. Und in den letzten drei „Union-Jahren" waren das viele. Mittlerweile engagiert er sich sogar ehrenamtlich in der Gruppe: „Nüchtern betrachtet" in unserem Club. Hut ab – starker Typ!

Außerdem hat er gerade besonders gute Laune, weil das

mit seinem Ticket im Ajax-Heimbereich (über die App) funktioniert hat und er uns somit in Richtung Stadion begleiten wird.

Unser Abschied am Hotel ist der beschissenste Moment dieser Reise. Stoni, Rambo, Marx und ich machen uns in Union-Vollmontur auf den Weg, während uns der Rührer (Nina und Jaschin kümmern sich gerade um den Hund) bei einsetzendem Nieselregen, mit einer Dose Bier in der Hand, traurig hinterherschaut.

Es erinnert an den Song: „Allein in Amsterdam", und reißt mir fast das Herz aus dem Körper. Das Problem bei Union, wie auch in unserer Gruppe, ist, dass die unkomplizierten Momente eher selten sind. Nur wird daraus nie ein Drama gemacht.

Die „Glücklichen" fahren mit der Metro 54 in Richtung Stadion und im Gegensatz zu Marx steigen wir an der Station „Strandvliet" aus. Es ist die Station in der Nähe des Auswärtsblocks Noord. Der Heimbereich befindet sich an der Station „Bijlmer Arena" für die Ajax-Fraktion.

Wir sind zu früh, aber nach 15 Minuten öffnen sich die Tore und wir stehen unmittelbar vor der beeindruckend hohen Beton-Konstruktion des „Johann-Cruyff-Stadions". Nach zehn Minuten sind wir hinter dem entscheidenden Drehkreuz. Länderpunkt Niederlande eingetütet!

Dann folgen sehr steile Stufen, um in einem schmalen Aufgang in den Auswärtssektor zu gelangen. Ich sage atemlos zu Stoni: „Immerhin sind wir nicht die Fertigsten", und er antwortet: „Aber auch nicht die Fittesten."

Wir betreten unseren Sektor K und müssen erst einmal durchatmen.

Das Stadion ist eine krasse Konstruktion aus Beton, Stahl und Glas. Die roten Sitzschalen reichen steil bis unter das Dach, welches heute nicht geschlossen ist. Für mich ist es das bisher beeindruckendste Stadion bei einem Auswärtsspiel mit Union in Europa.

Unser Capo läuft an mir vorbei und grüßt freundlich. So nah kommen wir der Szene normalerweise nicht, wobei sich auch hier schnell eine Grundordnung bildet: Die Ultras aus der Waldseite stehen unten im Block, während die Leute aus der Gegengerade (An der Alten Försterei) die oberen Reihen belagern.

Auch ein paar Bessergekleidete, die normalerweise auf der Haupttribüne in Köpenick ihre Plätze haben, sind anwesend. Wie gewohnt, setzen sie sich erst einmal. Es gibt schon gewisse Gräben, aber heute werden hoffentlich alle eine lautstarke Einheit bilden.

Es gehört sich nicht, über Interna aus dem Block zu berichten. Nur so viel: Drei todesmutige Ajax-Ordner stürmen in den Bereich der Ultras. Der Grund ist für mich nicht ersichtlich. Sie werden sogleich „höflich" in ihre Schranken verwiesen und verlassen die Szenerie wieder. Die Ultras verdichten nun ihre Reihen, denn sie verfügen über eine gewisse Schwarmintelligenz.

Was heute niemand wirklich braucht, sind blockstürmende Bullen in Kampfausrüstung oder übertriebene Aktionen, wie in Malmö.

Passend dazu spielen sie als Einspieler in der Hauptstadt des Cannabis-Konsums „Three Little Birds" von *Bob Marley* und viele Unioner stimmen beim Refrain mit ein: „Don't worry about a thing. Cause every little thing is gonna be alright." Da kann man ja gar nicht aggressiv werden.

Auch sonst ist die Musikauswahl lustig, denn die nächsten Lieder klingen wie holländische Schlager, wobei Ninas Hymne in der Alten Försterei für fremde Ohren ebenso komisch klingen muss.

Stoni (Knie und Pionierblase) und Rambo (keine Böcke) wollen nicht noch einmal hinunter zum Bierstand. Also hole ich ein paar Kaltgetränke und treffe dort meinen Freund Jörn. Er ist Mitglied eines Fanclubs und hat seinen 16-jährigen Sohn Lenny dabei. Ich freue mich, sie zu sehen.

Vor dem Eingang sah ich einen Unioner, der Karten, wie auf einem Abreißblock bei Konzerten, an seine Gruppe verteilt hatte. Das darf ich dem Rührer auf keinen Fall berichten.

Dafür schreibe ich an den ängstlichen Keule in den Chat: „Wir haben gerade viele Knüppel auf den Kopf bekommen. Stoni und ich bluten aus mehreren Wunden. Rambo mit Nasenbeinbruch."

Dann poste ich, extra für ihn, ein Foto mit einem Bier in der Hand vor der Stadionkulisse: „Das große Bier kostet 6,70 €, aber dieser Augenblick ist unbezahlbar." Auch vor den Bierpreisen hatte uns Keule aus der Ferne gewarnt.

Alter! Es gibt welches mit Umdrehungen und man kann sogar überall, bei erträglichen Temperaturen, ungestört rauchen. Die Spiele können beginnen!

Obwohl viele Fußballfans die UEFA ablehnen: Der Einlauf der Spieler zu ihrer Hymne verursacht bei mir Gänsehaut. Zeitgleich werden von den Ajax-Ultras und unserer Hardcore-Gang Pyros gezündet.

Marx, der es tatsächlich in den Heimbereich geschafft hat, sendet ein Foto, auf der unsere rot erleuchtete Kurve zu sehen ist. Genau so muss ein bedeutendes Auswärtsspiel beginnen!

Noch ein Exkurs: Über die eigentlichen Spiele will ich in den Geschichten immer nur kurz berichten. Nein, ich bin nicht ständig voll, wie zwölf sowjetische Matrosen. Es sind die vielen Nebengeräusche und die Grundanspannung, die einen detaillierten Spielbericht verhindern.

Es gibt Fahnen, Feuer, Rauch, Krach, Gesänge und diverse lautstarke Wortmeldungen inmitten der Massen, die mich vom Spielgeschehen ablenken. Und im Gegensatz zu den Leuten auf der Couch hat man hier keine „Super-Slow-Mo" bei den strittigen Szenen.

Will sagen: Wer detaillierte Spielberichte lesen will, soll Zeitung lesen.

Dennoch kann ich berichten, dass wir den 36-fachen niederländischen Landesmeister und vierfachen Gewinner des Europapokals der Landesmeister in der ersten Halbzeit komplett im Griff haben.

Wir lassen in der Defensive nichts zu und Ajax kommt zu keinem einzigen Abschluss. Bei unserem Umschaltspiel gibt es noch Potential, denn auch für Union gibt es keine richtige Großchance. Zumindest sind wir das klar bessere Team.

Nach dem Pausenpfiff murmelt Rambo seinen längsten

Satz der gesamten Reise: „Jungs, Union spielt gegen Ajax Amsterdam. Wie geil!"

Und es gibt weitere erfreuliche Nachrichten. Der Rührer sendet ein Foto aus dem „Coco's Outback" und schreibt: „Unglaublich! Hier sind etwa 200 Unioner und machen den Laden zur Wüste."
Auf dem Bild sind tatsächlich nur rot-weiße Köpenicker zu sehen, die aus Eiswürfel-Eimern in Jubelpose Heineken-Pullen schlürfen.

Nina ergänzt: „Auf den Otter müssen wir allerdings tierisch aufpassen."
Auf einem Tisch steht unser Plüschtier-Otter an dessen Schal, alle Sticker der Städte unserer Auswärtsfahrten angepinnt sind. Eine blonde Union-Perle hält ihn mit festem Griff am Hals in der Hand. Ihre andere befindet sich an des Rührers Arm. Der Rassehase steht also auf Otter.
Ich bin so erleichtert, dass auch unsere Nieten-Zieher, allem Anschein nach, einen fantastischen Abend erleben.

Bei uns ist die Stimmung derweil sensationell. Unser Capo gibt, bei einer 100-prozentigen Mitmachquote, alles. Es wird ununterbrochen lautstark gesungen und etliche Male werden Leuchtfeuer, über den ganzen Block verteilt, entzündet.
Stoni meckert lediglich über die großen Fahnen, die ihm die Sicht auf das Spielfeld versperren. Die sind wir auf der Gegengerade in Sektor 3 in Berlin tatsächlich nicht gewohnt. Aber grundsätzlich ist es ein grandioser Support und bisher benehmen sich auch alle.
Aus den Ajax-Blöcken ist nur selten etwas zu hören.

Lediglich zweimal gibt es einen gewaltigen Wechselgesang der Tribünen, der mir durch Mark und Bein geht. „Europapokal. Europa-Po!", singen wir gemeinschaftlich.

Amsterdam kommt besser aus der Pause. Sie machen ordentlich Druck und gleich zu Beginn gibt es mehr gefährliche Situationen als in der kompletten ersten Halbzeit. Doch fast aus dem Nichts schlägt Behrens eine bockstarke Flanke in den Strafraum. Ein völlig freistehender Unioner (später wird klar, dass es Thorsby war) köpft den Ball mit hohem Tempo – leider zu zentral – aufs Tor. Gehalten. Was für eine Riesenchance. Unsere Mannschaft wird stärker!

Mitte der zweiten Halbzeit spielt Becker den Ball auf Roussillon, der sofort in die Mitte flankt. Thorsby (diesmal erkenne ich ihn) nimmt den Ball mit der Brust an und zieht aus zehn Metern ab. Tooor!
Ich liege Stoni, Rambo und etlichen anderen Unionern minutenlang in den Armen. Von oben gibt es eine amtliche Bierdusche.
Die meisten von uns bekommen daher gar nicht mit, dass der Treffer vom VAR überprüft wird. Auf der Anzeigetafel steht es weiterhin 0 : 1.
Letztendlich wird das Tor wegen eines vermeintlichen Handspiels (das kann ich im Stadion nicht verifizieren) zurückgenommen. Was für ein Auf- und Ab der Gefühle!

Nach 90 Minuten trennen sich Ajax Amsterdam und der 1. FC Union Berlin torlos. Dummerweise wäre mehr drin gewesen, aber hätte uns vor der Partie jemand ein 0 : 0 vorgeschlagen, hätten wir das sofort unterschrieben.

Unsere Chancen für das Rückspiel sind nach dem Ergebnis zumindest ausgesprochen gut.

Bereits vor dem Abpfiff wurden wir Unioner vom Stadionsprecher (durchaus freundlich) gebeten, nach dem Spiel noch kurz in den Blöcken zu verweilen. Alle nehmen das nun entspannt hin – der guten Stimmung tut es jedenfalls keinen Abbruch.

Nach einer halben Stunde kehrt Bewegung ein und auch Stoni, Rambo und ich laufen irgendwann die steilen Treppen hinab.

Doch unten herrscht Chaos. Ein unüberschaubarer Mob drängt von allen Seiten zum Ausgang. Es geht nur in Tippelschritten voran und irgendwann sehe ich, dass sie am Zaun lediglich ein etwa zwei Meter breites Tor für die Massen geöffnet haben.

Kurz vor diesem werde ich regelrecht zusammengestaucht. Wenn die Leute jetzt von hinten weiterschieben, weil sie nicht sehen, was vorne los ist, oder wenn Panik ausbricht, wird das richtig gefährlich.

Zu allem Überfluss schieben sich auch noch zwei Sanitäterinnen (von außen!) durch die schmale Öffnung. Da ist wohl schon einer aus unseren Reihen umgekippt.

Hinter dem Tor verengt sich der Weg noch einmal. Dort stehen etliche Bullenwannen, Stoßstange an Stoßstange, und dahinter ein Spalier von Polizisten in Vollmontur, sodass man nur noch einzeln durch die enge Gasse kommt. Auch Typen in Zivil sind dabei, die jedem in die Augen schauen. Vermutlich wollen sie ein paar böse Buben (Kameras im Stadion?) herausziehen. Oder es ist reine Schikane.

Der Typ vor mir klebt, vollkommen unbeeindruckt, Union-Sticker an die Wagen der niederländischen Einsatzkräfte und Stoni pinkelt nach dem Martyrium sofort an einen Zaun. Er hätte sich in der Schlange, beinahe in die Hose gemacht.

Geschafft! Wir laufen zur U-Bahn-Station, auf der ein völlig überfüllter Zug steht. Nur in einem Wagen ist noch ein wenig Platz, weil ein Säufer in einem großen Schwall alles vollgekotzt hat. Wir drängeln uns ganz vorn am Bahnsteig aber doch noch in ein Abteil hinein.

Dann die nächste Überraschung: Der Zug hält an keiner einzigen Station, sondern donnert direkt zum Hauptbahnhof durch.

Dort steigen wir am Gleis gegenüber in die Bahn und fahren zwei Stationen zur Waterlooplein zurück, um zum nahegelegenen „Coco's" zu laufen.

Der Rührer hatte nicht zu viel versprochen. Die Stimmung im Laden ist tatsächlich überragend. Es gibt sogar etliche betanzbare Mädels in Unionfarben. Mittlerweile ist es eine Karaoke-Bar geworden und wer steht auf der Bühne? Unsere Nina!

Sie kreischt mit heiserer Stimme von *Queen*: „We are the champions", und unterbricht den Song etliche Male mit den Worten: „Eisern Union! Eisern Union!" Gut 100 Leute brüllen es lautstark mit. Hammerhart!

Wenig später schnappt sich Jaschin das Mikro und singt zu „Yellow submarine" von den *Beatles*: „Vorwärts, vorwärts, Fußballclub Union." Ich stelle das Video davon, zusammen mit unseren glücklichen Fressen, in den Chat und schreibe: „Alle wiedergefunden!"

Besonders für Keule muss das schmerzhaft sein, weil er den Song, wegen seines vermeintlichen Bezugs zum Armeesportklub Vorwärts überhaupt nicht leiden kann.

Marx, der aus dem Ajax-Block schon weit vor uns eingetroffen war, trällert begeistert mit. Er hat, meines Wissens, noch in der NVA gedient.

Der Rührer wird die Blondine mit den riesigen Brüsten, Marke „Ottermilch", nicht mehr los. Sie heißt nicht Conny, sondern Wiebke und umarmt ihn wie einen Schiffsmast bei hohem Seegang. Er flüstert mir ins Ohr: „Bei ihr habe ich letzte Woche die Waschmaschine repariert. Ich schwöre!" Alles klar, mal sehen, was heute noch alles kaputt geht.

Dann frage ich Nina, ob man hier rauchen darf. Sie nickt. Also paffe ich und erhalte vom Personal sogleich die Gelbe Karte (kurz vor Hausverbot).

Später gehe ich zum Rauchen lieber vor die Tür und treffe dort Nina.

Sie schimpft gerade wie ein Rohrspatz und hüpft wie das Rumpelstilzchen. Nina hatte sich die Rote Karte abgeholt und darf, weil sie ihren Cola-Wodka draußen getrunken hatte (keine Getränke im Außenbereich), nicht mehr hinein. Ich versuche dem Türsteher zu erklären, dass Nina gerade aus der Geschlossenen getürmt ist und es sich nicht lohnt, sich über sie großartig aufzuregen. „Lass sie wieder rein", bettele ich. No way!

Als Jaschin dazustößt, beginnt die Situation zu eskalieren. Er will den Schrank tatsächlich umhauen. Dieser ruft zu seiner Kollegin: „Hol die Cops!"

Während ich Jaschin versuche zu beruhigen, läuft der Rührer marodierend durch die Kneipe und brüllt jeden an: „Wo ist der Otter? Ich mach euch alle Duschkabine!"

Nein, der Otter wurde nicht gestohlen, denn er steckt in der Innentasche von Jaschins Jacke. Marx sammelt die restliche Bande ein. Abmarsch!

Wieder einmal wird mir klar, wie schnell die Stimmung kippen kann, wenn man Schnaps zu sich nimmt. Nina, Jaschin und der Rührer hatten diesen während der Partie aus Reagenzgläsern getrunken und vor allem die beiden Erfurter habe ich noch nie so aggressiv erlebt.

Noch in der Halbzeit sah das wohl noch anders aus. Da war es zu einem kleinen Scharmützel mit Ajax-Fans aus der gegenüberliegenden Kneipe, mit Pyros auf der Straße, gekommen, das absolut lustig und vor allem friedlich abgelaufen war, berichtete der Rührer später.

Schließlich beruhigen sich die Gemüter wieder. Wir machen ein geiles Gruppenfoto in Union-Vollmontur auf einem goldbeleuchteten Platz vor dem Rembrandt-Denkmal. Union spielt in Europa!

Ich verzichte in dieser Story, von den Erlebnissen am nächsten Tag zu berichten. Trueman würde sonst wieder schreiben: „Voll das Abenteuer!"

Nur so viel: Wir verbringen einen herrlichen, sonnigen Tag mit äußerst freundlichen Menschen in der Stadt an der Amstel – inklusive lustiger Grachtenfahrt und Kultur. Nur die Konterbiere verhageln ein wenig die Bilanz. Ein würdiger Abschluss einer legendären Auswärtsfahrt.

Und noch etwas: Am 23.02.2023 gewinnt der 1. FC Union das Rückspiel gegen Ajax Amsterdam in der Alten Försterei mit 3 : 1 und zieht sensationell in das Achtelfinale der Europa League ein.

Aber was soll ich darüber berichten? Dass die „Reisegruppe Unjewiss" vollzählig angetreten war? Dass wir davor, währenddessen und vor allem danach gefeiert haben, bis der Arzt kommt?

Ich dokumentiere in meinen Geschichten nicht immer die bedeutendsten Spiele der Vereinshistorie, sondern die emotionalsten. Und das war nun einmal das Hinspiel in Amsterdam. Punkt.

In der Nacht, nach unserem unfreiwilligen Abgang im „Coco's" laufen wir in Richtung Metro plötzlich am „Café 't Hooischip" vorbei. Wir kehren noch einmal in die gemütliche Kneipe ein und trinken, bis zum Zapfenstreich um 1 Uhr, Ambers komplette Biervorräte leer.

Sie erlaubt uns sogar, die letzten Getränke im Plastikbecher mit vor die Tür zu nehmen, um damit die Heimfahrt hinauszuzögern.

Beim Abschied umarme ich sie und flüstere ihr ins Ohr: „Amber, du warst für mich die wichtigste Person dieser Reise. Ich werde dich niemals vergessen. Eisern Union!"

FC Union International

Natürlich musste nach dem langen Hoch irgendwann mal ein Tief folgen. Aber was heißt schon Tief? Wir reden hier nicht vom Abstieg in die Regionalliga, einem drohenden Insolvenzverfahren oder einer neuen Pandemie mit Geisterspielen.

Gemeint ist auch nicht die Schwächeperiode ab dem 22. Spieltag, mit Unentschieden gegen den Tabellenletzten Schalke, gegen Köln und auswärts in Wolfsburg, sowie einer 3 : 0 Niederlage in München.

Der Tiefschlag in die Unioner-Magengrube war das bittere Ausscheiden in der Europa League bei Union Saint-Gilloise in Belgien. Wie bei den Bayern verlor der 1. FCU dort mit 3 : 0 und zeigte die schwächste Saisonleistung.

Keule schrieb danach in den Chat: „Ajax Amsterdam weggehauen, um dann jegen dit belgische Union eenen uff 'n Deckel zu kriejen. Dit is Union, vastehste!" Zumindest nahm er es mit Humor. Union konnte sich (gegen Union) gewissermaßen nur selbst schlagen.

Exkurs: In meinen Storys lasse ich meine Jungs immer Hochdeutsch sprechen, obwohl die meisten von ihnen krass berlinern. Leser aus anderen Bundesländern bräuchten jedoch einen Übersetzer für den Dialekt, oder ich müsste Fußnoten im Buch einbauen. Viele!

Bei aller Bitterkeit muss angemerkt werden, dass der 1. FC Union Berlin erstmals das Achtelfinale der Europa League erreicht hatte, zum Zeitpunkt des Ausscheidens auf Platz 4 der 1. Fußball-Bundesliga stand und im DFB-Pokal noch im

Viertelfinale vertreten war.

Jammern auf hohem Niveau, aber für die „Reisegruppe Unjewiss" war die Reise (durch Europa) somit sprichwörtlich zu Ende.

„Der Traum ist aus", brüllte mir *Rio Reiser* nach der Partie in Belgien im „RockZ" bei Mölle in die Ohren. Aber wir werden alles geben, dass er Wirklichkeit wird. Irgendwann!

Allerdings kochte in jenen Tagen auch ein anderes Thema noch einmal hoch: Für das Achtelfinal-Rückspiel im Stadion von Anderlecht hatten wir, bei 40 Losen, überhaupt keine Karte ergattert.

Letztendlich wurden noch zwei Tickets organisiert, die an Kissi und WITZEL aus der Sektion Bonn gingen. Zum einen, weil sie die kürzeste Anreise hatten, zum anderen redeten wir uns ein, dass es in Belgien nur Biersorten mit Himbeer-, Vanille- und Ingwer-Geschmack gäbe, wenn wir die Partie in einer Kneipe in Brüssel schauen würden. Wir bevorzugen allerdings Bier, das nach Bier schmeckt. Nun ja, letzte Chance verpasst ...

... denn womöglich kommen noch härtere Zeiten auf Auswärtsfahrer zu. Den Eintracht-Fans wurden in Neapel aus Sicherheitsbedenken überhaupt keine Tickets zur Verfügung gestellt. Sollte sich so etwas in Zukunft verselbstständigen, müssen wir die Heimspiele in der Alten Försterei wieder viel mehr wertschätzen lernen!

„Hier is meen zu Hause. Hier kricht ma keener weg. Die Alte Försterei, dit is der einzje Fleck. Da wo mein Herz schlägt, wo et hinjehört. Und wo mir keener von den Spinner da drüben stört." Der Text entstammt dem „Eisernet Lied" von *Sporti* und ist mittlerweile sowas wie die zweite Stadionhymne.

Union zu Hause: Ich erinnere mich noch an eine Partie, die uns alles abverlangte. An ein einziges, letztes Spiel mit Europapokal-Feeling in der Saison 2022/2023 in der Alten Försterei.

Am Donnerstag, den 16.03.2023, verlasse ich um 16:10 Uhr die Wohnung, laufe zum Dönerstand vor dem S-Bahnhof Rummelsburg und kaufe drei Berliner Pilsner. Murat fragt (wie immer): „Soll ich sie dir gleich öffnen?" „Nö. Danke!" Ich bin zwar mittlerweile Bundesliga-Trinker, aber selbst ich schaffe es nicht, drei Biere hintereinander zu exen.

Auf dem Bahnhof laufe ich nach vorn auf den Bahnsteig, öffne mir ein Pils mit dem Feuerzeug und rauche eine Camel. Zille kommt (wie immer) zwei Minuten vor Abfahrt gemütlich angeschlendert, sagt „Moin" und gibt mir die hohe Fünf. Mit der anderen Hand greift er sich ein Berliner.

Um 16:23 Uhr stehen wir mit Unsersgleichen in der Bahn und zwei Minuten später steigt der Rührer in den zweiten Wagen von vorn. Er schnappt sich (wie immer) zuerst das dritte Bier, öffnet es mit seinem Ringfinger und ruft dann glücklich: „Eisern!"

Um 16:35 Uhr erreichen wir den S-Bahnhof Köpenick und überlassen die leeren Bierpullen den Pfandsammlern, bevor wir uns die schmale Treppe inmitten der Meute hinunterschieben.

Hinter dem Ausgang warten Anne und Ricky, die uns (wie immer) mit neuen Berliner Pilsnern notversorgen. Zum Europa League Achtelfinale sind natürlich auch Nina, Jaschin und Glitter aus der Sektion Erfurt am Start, die sogleich eine Pulle „Becherovka Lemond" kreisen lassen.

Das Zeug zieht gehörig an den Schläuchen und bringt den üblichen Ablauf durcheinander. Zumindest haben sie den Otter dabei, der in einer Tragetasche um Ninas Hals hängt. An seinem rot-weißen Schal hängt, neben vielen anderen, nun auch die Anstecknadel aus Amsterdam.

Wir laufen in die Hämmerling-Straße zur „Abseitsfalle". Dort stehen (wie immer) schon vier goldfarbene Bier auf dem Betonsockel des „Warsteiner-Stammtischs", die Marx, obwohl er keinen Alkohol mehr trinkt, jedes Mal traditionell dort platziert. Rambo ist auch schon da und gibt mir schweigend seine riesige Pranke. Nebenan winkt Bauknecht.

Nach und nach trudeln die anderen Chaoten der Reisegruppe ein. Sektion Bonn ist mit Kissi, WITZEL und Sebi vollzählig vertreten, aber auch Andi aus Hamburg und Haue aus Österreich sind extra angereist.

Trueman hat (wie immer) Sohn Knut und die halbe Lausitz mitgebracht. Woher er ständig so viele Karten bekommt, wird uns allen für immer ein Rätsel bleiben. Stoni kommt (wie immer) mit einem Patronen-Gürtel voller Kümmerlinge, Boonekamp und Wurzelpeter um die Hüfte angelatscht.

Während irgendjemand ständig neue Kaltschalen vom Bierwagen besorgt, begrüße ich die Panenka-Gang (Mikis, Mili, Mama, Mimi, Michi, Haven und Sodom), aber auch mit den vorbeilaufenden Jungs aus der Kicktipp-Runde (Dropkickboy, Guinnesskiller, Cradle, Schub-x, Coolman und Maiskolbensmiley) wird standesgemäß abgeklatscht.

Selbst die Donnerstags-Runde aus dem „RockZ" ist heute

mit Agent Mü, Krug, Moe und Timmi zahlreich vertreten und freut sich auf das Spiel.

Nachdem sich alle in Richtung Stadion verabschieden, steht fast nur noch die „Reisegruppe Unjewiss" an der „Falle". Erst 45 Minuten vor Anpfiff kommt (wie immer) ein tiefenentspannter Keule anspaziert und kauft eine Runde Fußpils für alle. Allerdings erscheint Magdeburg-Joe, der uns eine freie Karte abgequatscht hatte, heute noch später und ruft: „Nur der FCM, ihr Fotzen!" Damit ist zumindest klar, wer den ersten Bierträger im Stadion kaufen wird.

Wir laufen in Richtung Eingang und gehen am Waldesrand vor der Wuhle (wie immer) noch einmal gemeinschaftlich pinkeln. Glitter bleibt auf dem Rückweg mit den Schuhen im Matsch stecken und hat nach der Aktion (wieder einmal) eine eingesaute Jeans. Seine einzige für die nächsten zwei Tage in Berlin.

Vor dem Eingang stellen wir uns in die rechte Schlange, doch heute geht es auch hier nur schleppend voran. Jemand murmelt: „Bei UEFA-Spielen müssen die genauer kontrollieren." Ich weiß nicht, ob das stimmt, jedenfalls verpassen wir diesmal alle Songs von DJ „Wumme" im Stadion.

Seine Musikauswahl trifft in der Regel genau meinen Geschmack und manchmal wundere ich mich, dass er Lieder spielt, die mir kurze Zeit vorher noch im Kopf herumgeschwirrt sind. Heute spielt er *Iron Henning* und *Weezer*, meinen Amsterdam-Ohrwurm.

Bei *Sporti* sind wir dann endlich im Stadioninneren und eilen die Treppen zu Sektor 3 hinauf. Dann wird es chaotisch.

In Block R ist kein Durchkommen mehr und auch die benachbarten Ränge sind komplett überfüllt. Okay, wir sind sehr spät gekommen und mit voller Kapelle am Start. Ordner erklären uns, dass wir heute nicht am Außenring stehenbleiben können.

Als *Nina Hagens* Hymne erklingt, verliere ich die Nerven und quetsche mich per Hüftschwung noch irgendwo hinein, in der Hoffnung, dass mir meine Freunde folgen.

Im rot-weißen Union-Schal-Meer, welche bei dem Lied (wie immer) die Ränge verhüllen, kann ich leider nicht verifizieren, ob dem so ist. Nein! Letztendlich stehe ich zwar nicht unter Fremden, denn Unioner sind das nirgendwo, aber die Jungs und Mädels der Reisegruppe haben sich woanders hinbewegt.

Nur Andi entdecke ich mit seinem Schwiegervater zehn Meter neben mir und Panenka-Chef Robo mit Tochter Madlen stehen etwa sechs Meter tiefer, aber ich kann mich gerade keinen Millimeter zu ihnen hinbewegen.

Während der Europa-League-Hymne zeigen die Ultras eine fantastische Choreo mit der Headline: „Der Ball ist uns're Welt" und der kleine Mob von Union St-Gilloise zündet gelb-blaue Pyros, was die Spieler beim Einlauf mit Nebel umhüllt. Es geht los!

Gleich zu Beginn hat Becker zwei gute Möglichkeiten. Doch momentan hat der Junge echt Kacke am Schuh. Er müsste endlich mal wieder treffen, um neues Selbstbewusstsein zu erlangen. Nach einer Viertelstunde vergibt auch Behrens die Chance zur Führung, denn er scheitert am starken Torwart von Saint-Gilloise.

Das Führungstor der Belgier kommt daher aus dem Nichts. In der 28. Minute wird ein Fernschuss von deren Stürmer Boniface von Behrens so unglücklich abgefälscht, dass er in einer absurden Flugkurve unhaltbar hinter Rönnow einschlägt. Union rennt sofort wieder an.

Ab der 35. Minute beginnt meine Blase (wie immer) zu drücken. Beim Amsterdam-Spiel hatte ich „Eskimo" deswegen das 2 : 0 von Juranovic in der 44. Minute verpasst. Heute gibt es keinen permanenten Bier-Nachschub und so verdrücke ich mir den Trieb.

Ich werde belohnt: Wieder ist es Juranovic, diesmal in der 42. Minute, der einen Freistoß aus gut 20 Metern haarscharf über die Mauer, exakt in den linken Torwinkel der Belgier, zirkelt. Tooor!

Um mich herum flippen alle (wie immer) komplett aus. Ich liege etlichen unbekannten Männern und Frauen in den Armen. Nur das Hinuntertreiben über drei Stufen und die obligatorische Bierdusche fehlt. Dazu ist es heute viel zu eng im Block und niemand konnte sich zwischendurch neue Getränke besorgen.

Beim Halbzeitpfiff spurte ich die Treppe hinunter und sehe vor dem Klo Magdeburg-Joe stehen. Ich rufe: „Nur der FCU, du Pussy!", und stelle mich neben ihn in die Schlange.

Erleichtert gehe ich zum Holzkohlegrill und kaufe mir (wie immer) eine Bratwurst mit Senf für 3 Euro. Dann hole ich zwei frische Bier für uns.

In der Zeit erzählt mir Joe, was den anderen widerfahren ist. Die Ordner hatten erstmalig für unsere Truppe am

Außenring die Tore zur Kicherkurve in Sektor 4 aufgeschlossen und sie in die dortigen, nur fluffig gefüllten, Reihen geführt.

Als ich mit ihm dort ankomme, schaue ich in glückliche, rotwangige Gesichter. Hier gab es wohl keine Probleme mit dem Biernachschub.

Zille brüllt freudig: „Da bist du ja endlich, El Rubio!", und alle prosten mir zu.

Ich frage in die Runde: „Darf man hier eigentlich rauchen?" Noch während meiner Worte sehe ich, wie kleine Kinder und etliche Frauen hinter den Rauschschwaden der Reisegruppe verschwinden. Zwei Sechserträger Bier stehen auf unseren Betonstufen.

In Sektor 4 hat man eine völlig neue Perspektive auf das Spielfeld. Wir stehen direkt hinter dem Tor und werden in der zweiten Hälfte hoffentlich viele Treffer erleben, denn Union läuft nun auf unsere Seite an. Allerdings sieht man nun auch deutlicher, was für riesige Kanten unser Gegner in der Abwehr zu stehen hat.

Magdeburg-Joe brüllt: „In Machdeburch is achte durch." Kurz nach 20 Uhr startet die zweite Halbzeit.

Nach Wiederanpfiff macht Union sofort wieder Druck, während sich Saint-Gilloise immer weiter in Richtung Sektor 4 zurückzieht.

Dann eine unfassbare Szene. Ausgerechnet unser Kapitän, der sonst so sichere Trimmel, spielt den Ball im Mittelfeld einem Gegner direkt in die Füße. Die Belgier kontern uns eiskalt aus und treffen zum 1 : 2 in der 58. Minute.

Urs Fischer wechselt frische Leute ein, und das bringt sofort neuen Schwung in unsere Offensive. Zunächst vergibt Siebatcheu (wie immer) eine Chance, doch nach einem Handspiel eines Belgiers entscheidet der Schiri (nach VAR-Beweis) in der 69. Minute auf Elfmeter für Union.

Ein kollektives Raunen geht durchs Stadion. Knoche tritt direkt vor unseren Augen an. Kollektives Luftholen. Er zielt nach links, aber der Torwart hält. Kollektives Stöhnen. Der Abpraller landet wieder bei ihm. Kollektiver Aufschrei. Knoche hämmert ihn zum Ausgleich in die Maschen. Kollektiver Jubel im Stadion. Bambule in Sektor 4. Kollektive Bierdusche!

Unsere Euphorie hat allerdings nur drei Minuten Bestand, denn in der 72. Minute trifft dieser Boniface nach einem erneuten Konter zum 2:3. Was für ein Hin und Her der Gefühle.

Leider verteidigen die Belgier ihre Führung nun routiniert und lassen kaum noch Chancen für Union (aus Berlin) zu. Als wir alle schon mit einer schmerzhaften Niederlage rechnen, schlägt Leite in der 89. Minute eine letzte, verzweifelte Flanke in den Strafraum, die ein Gegner unfreiwillig verlängert. Michel legt sich den Ball auf den rechten Fuß und gleicht das Spiel erneut aus. Alle Kinder und etliche Frauen haben sich längst aus unserer Nähe verzogen, denn wir drehen komplett frei! „Sechs Tore für Union!", brüllt der Rührer unter einer Jubeltraube.

Ein dramatischer Spielverlauf, mit späten Toren, ist bei Union zwar nicht ungewöhnlich, aber solch ein Sechs-Tore-

Spektakel gab es hier schon Ewigkeiten nicht mehr.

Wir bleiben zum Bejubeln der Mannschaft noch lange im Stadion, bis wir vollgepumpt mit Emotionen in Richtung „Abseitsfalle" marschieren.

Schon nach dem legendären Heimsieg gegen Ajax Amsterdam spukte mir ein Song von *Dritte Wahl* im Kopf herum. In der denkwürdigen Nacht hörte ich ihn mir zu Hause noch einmal an. Ich sehe mich um und weiß, dass der Text auch heute meine Empfindungen auf den Punkt genau beschreibt:

„Es wird getrunken und gelacht und erzählt die ganze Nacht. Und ich lehn mich kurz zurück und genieße still mein Glück. Das sind die Momente, wo ich, wenn ich es könnte, mir wünschen würde, dass sie nie vergehen!

Liebe gute alte Zeit, bleib ein bisschen stehen. Ruh dich aus für eine Weile, denn es ist grad so schön. Lasst uns hier und heute bleiben, halt die Uhren alle an. Diesen Augenblick wollen wir die nächsten 100 Jahre lang."

Auch wenn uns Union immer wieder Momente beschert, in denen wir uns einbilden unsterblich zu sein und wir stets betonen: „Wir werden ewig leben", wird niemand von uns noch in 100 Jahren Spiele in der Alten Försterei erleben.

Deshalb müssen wir das Hier und Jetzt auskosten und jeden glücklichen Augenblick in vollen Zügen genießen. In unserem Verein sollte immer gelten: „Jetzt bist du so glücklich, wie du in deinem ganzen Leben nicht mehr sein kannst", um wenig später eines Besseren belehrt zu werden!

Dennoch muss ich an dieser Stelle ein bisschen zurückrudern: Auswärtsfahrten sind, zumindest für mich, noch viel emotionaler. Da gibt es eben nicht dieses: „Wie immer". Jede Tour mit der Reisegruppe ist anders und aufregend.

Am Ende der Spielzeit wollte ich daher unbedingt noch einmal mit den Jungs auf Reisen gehen. In der Europa League und im DFB-Pokal (gegen Eintracht Frankfurt) waren wir ausgeschieden. Es blieben also nur noch die Partien gegen Gladbach, Augsburg und Hoffenheim in der Bundesliga übrig.

Mein Herz schlug einmal (vor allem zu Ostzeiten) für Borussia Mönchengladbach, doch ich hatte an jenem Tag im April keine Zeit für eine Fahrt an den „Bökelberg".

Nein, weder meine Hochzeit mit Nadine stand an, noch war ich plötzlich verstorben. So gesehen, muss ich mich korrigieren, denn es gibt noch etwas Wichtiges im Leben: Die Familie!

Mein geliebter Bruder Spence hatte mich an jenem Spieltag nach Italien eingeladen. Es war ein lang verschobenes Geburtstagsgeschenk und letztendlich bestand es hauptsächlich aus dem Besuch der Partie AC Mailand gegen US Lecce.

Am Sonntag, den 23.04.2023, saß ich also mit meinem Bruderherz und weiteren 72.612 Menschen im „San Siro" und erfreute mich des Lebens.

Die Atmosphäre war sensationell („Curva Sud Milano" rockte den Laden) und ich hatte immer im Hinterkopf, dass Union hier hoffentlich noch aufschlagen wird, bevor das spektakuläre Stadion abgerissen wird.

Außerdem war die Bierversorgungslage ausgesprochen gut und wahrscheinlich gab es nur zwei Leute im Stadion, die in der zweiten Halbzeit auf DAZN nebenbei Gladbach gegen Union auf dem Handy schauten.

Der AC Mailand gewann gegen Lecce mit Rafael „Superstar" Leão mit 2 : 0 und Sheraldo „Fußballgott" Becker traf für Union in Mönchengladbach parallel zum 0 : 1 Auswärtssieg. Mein ewiger Dank geht an Spence für dieses fantastische Erlebnis!
Am Montag, unserem Rückflugtag, streikte das Bodenpersonal am BER-Flughafen. Wir fuhren spontan nach Bergamo. Dort spielte Atalanta gegen AS Rom.

Also Augsburg! Der Rührer und ich packen am 6. Mai 2023 die reduzierte „B-Tasche" (Buletten und Bier) und treffen uns in der S-Bahn auf dem Weg zum Hauptbahnhof. Becherovka muss heute zu Hause bleiben. Dafür ist Bauknecht mit am Start, dessen ironischen Sprüche ich seither nicht mehr missen möchte.
Im Wagen 7 sitzen junge Unioner aus Kyritz direkt neben uns. Bereits um 7 : 34 Uhr lassen sie zwei Pullen Nordhäuser Doppelkorn kreisen und das Abteil mit Mallorca-Musik beschallen. „Ich bin schon wieder blau wie der Ozean", und weitere einschlägige Hits.
Bis zum dritten Bier finde ich das nervig, aber die Truppe ist lustig und alsbald dürfen wir uns selbst Lieder wünschen, was die Fahrt deutlich erträglicher macht: „Hey, heute ist unser Tag!"

Eine junge Dame, ein paar Reihen vor uns, beschwert sich über die Lautstärke. Sofort stimmen die Nord-Brandenburger an: „Es tut mir leid Pocahontas. Ich hoffe, du weißt das" Ein dröhnendes Lachen beschallt unseren gesamten Wagen.

Ansonsten ist ein Querschnitt der kompletten Union-Familie im Zug vertreten, auch unser Capo und unzählige Ultras sind dabei. Alle versprühen ausgesprochen gute Laune. Spätestens in Erfurt sind auch wir todesglücklich, denn dort steigen Gary Glitter und Betty Blue unerwartet dazu und sorgen für erheblichen Biernachschub. „Überholen, ohne einzuholen", sind Glitters erste Worte. Er meint damit unser Promillelevel.

Nach dem Rauchen auf dem Bahnsteig in Nürnberg sitzt plötzlich ein zugestiegener junger Typ auf meinem Platz. Letztendlich hatte er sich nur in der Sitzplatz-Nummer geirrt und als er schnallt, was wir für eine Truppe sind, murmelt er: „Cool, Union Berlin ist der sympathischste Verein der Bundesliga!"
Ich muss lachen und denke an die bitterbösen, zynischen Sprüche, die wir uns die ganze Zeit an den Kopf geknallt haben. Für Außenstehende muss es geklungen haben, als ob wir uns alle aufs Schwein gehen, dabei ist es nur schwarzer Berliner Humor. Für das Kompliment reichen wir ihm eine Dose Bier in die Sitzreihe vor uns.

Kurz vor dem Ziel wird ein Lied zur Melodie: „Yellow Submarine" von den *Beatles* angestimmt („Vorwärts, vorwärts Fußballclub Union") und im Tunnel zum Ausgang am Bahnhof in Augsburg hört es sich an, als wären tausende Unioner aufgedribbelt.
Davor wartet die Sektion Bonn (Kissi und WITZEL) auf uns mit einer Notversorgungstüte voller Bierdosen. Wir laufen mit einem Pils in der Hand in der Fußgängerzone an

„Globetrotter" vorbei und kaschieren das „Globetr", um ein „Otter-Foto" von uns für die Daheimgebliebenen zu machen. Auch unser Plüschtier-Otter ist heute natürlich dabei, mit dem neuen Union-Saint-Gilloise-Pin von seiner Auswärtsfahrt nach Belgien.

Haue sitzt bei strahlendem Sonnenschein schon im „Wirtshaus am Dom" und als er uns aus der Ferne erblickt, bestellt er sofort eine Trommel „Helles".
Es ist jetzt 13 Uhr und eine Stunde später checken wir im „Best Western Augusta" ein. Dort wird es lustig, weil genau mit uns eine angetüdelte Gruppe Stöckelwild auf Junggesellinnen-Abschied ihre Zimmerschlüssel haben will. Es entstehen zweideutige Fotos und Bauknecht wird heute Abend sicher den Schleudergang einlegen.

Wir schmeißen die Sachen ab und eilen sofort wieder los. Mit der Straßenbahn fahren wir vom Königsplatz in 20 Minuten zum Stadion namens WWK-Arena und singen dabei ununterbrochen Eiserne Lieder. Alle glühen vor Glück.
Die Einlasskontrollen und Ordner sind entspannt und auch die Bierversorgungslage ist – trotzdem man sich zunächst eine FCA-Karte aufladen muss – hervorragend.
Bis auf Kissi und WITZEL haben wir alle Sitzplätze in Block X und komischerweise harren die Leute genau auf den Plätzen aus, die auf ihrem Ticket stehen. Irgendwann finden wir aber am Rand, direkt an der Zaunfahne „Halle/S", eine Ecke, wo wir gemeinsam stehen können. Kurz darauf beginnt die Partie.

Diesmal werde ich mich mit dem Spielbericht noch kürzer

fassen: Union verliert beim FC Augsburg mit 1 : 0. Punkt.

Wir haben mehr Ballbesitz, mehr Ecken, mehr aussichts-reiche Flanken als der Gegner, doch heute (wie immer in dieser Stadt) irgendwie Kacke am Schuh.

Aber (!) alle der gut 2.700 Auswärtsfahrer singen ununter-brochen Union-Lieder. Unser Capo und die Ultras sind in Höchstform und auch die Choreografie ist hammergeil. Es gibt sogar häufig spielbezogenen Support. Keule hätte sich gefreut!

Außerdem begeistert mich die große Zaunfahne: „Lebens-länglich Bundesliga".

Das hat etwas von Demut, weil sie eben nicht „Champions League" oder „Europa" aufgepinselt haben. Okay, für andere Vereine, die länger als vier Jahre in der 1. Fußball-Bundes-liga gespielt haben, muss das dennoch großfressig klingen.

Einmal mehr wird mir klar, dass unsere Hardcore-Fans von der Waldseite jede einzelne Auswärtskarte verdient haben, bei dem Aufwand, den sie bei jeder Partie betreiben. Wir bräuchten einfach alle mehr Tickets – auch daheim in der Alten Försterei!

Während des Spiels haben wir überhaupt keine Zeit, uns zu ärgern, weil wir ständig am Hüpfen, Singen und Brüllen sind.

Es scheint uns, trotz der Niederlage, die Sonne ins Gesicht und nach dem Spiel sehe ich keinen einzigen Unioner mit schlechter Laune. Viele Augsburger beglückwünschen uns später in der City für den grandiosen Support.

Der Rest des Abends ist unspektakulär, weil es keine

besonderen Vorkommnisse gibt, außer einer mittelschwere Rippenprellung beim sinnfreien Pogen zu *Mr. Irish Bastard*.

Wir gehen im „Wirtshaus am Dom" typisch bayrisch essen, trinken ein paar Bier und später noch schätzungsweise vier Liter Gin Tonic in einer sensationell guten Rooftop-Bar namens „Sonnendeck".

Dort schauen wir, auf Liegestühlen sitzend, in einen grandiosen Sternenhimmel und träumen von kommenden Sehnsuchtsorten.

Der Rührer und ich finden unser Zimmer 415 sofort, weil es direkt gegenüber des Fahrstuhls liegt und wir uns diesmal nur die Etage merken mussten. Kurz nach Mitternacht liegen wir schnarchend in der Koje. Nur Bauknecht, Kissi und WITZEL versacken noch beim Junggesellinnen-Abschied an der Hotelbar.

Alle aus der „Reisegruppe Unjewiss" fahren mit einem seligen Lächeln zurück nach Berlin, Erfurt, Bonn und Österreich, zudem seit Sonntag klar ist, dass wir in der kommenden Saison auf jeden Fall wieder europäisch spielen werden.

Zum Schluss noch ein paar Worte zu diesem Buch: Ich habe diese Zeilen hauptsächlich für die „Reisegruppe Unjewiss" verfasst, um festzuhalten, was für eine geile Zeit wir in den letzten drei Jahren hatten. Mich verbindet mit dieser Truppe eine besondere Art der Zuneigung, die mir andere Freunde nicht immer geben können.

Dennoch kann ich nicht verhindern, dass sich einige „rotweiße" Leser nicht abgeholt fühlen. Klar ist, Union-Fans sind eine homogene Masse, was die Herzensliebe zum Club anbelangt, aber grundsätzlich sind wir unterschiedliche Menschen.

Die einen sind braver, andere noch „kranker" und etliche viel engagierter. Wir haben manchmal wenig gemeinsam und oftmals fast alles.

Es ist also nur ein kleiner Ausschnitt aus dem Fan-Leben unseres Vereins, den man natürlich nicht verallgemeinern kann.

Am 13. Mai schießt uns „Spiderman" Becker fast im Alleingang zum 4 : 2 Sieg gegen den SC Freiburg. Die Alte Försterei explodiert regelrecht und einige Unioner singen bereits: „So 'ne Scheiße, Champions League", obwohl zu diesem Zeitpunkt „nur" die Europa League gesichert ist.

Am 27.05.2023 ist die ultimative Abrissparty mit Ganzkörper-Gänsehaut. Der glorreiche 1. FC Union Berlin besiegt am letzten Spieltag Werder Bremen mit 1 : 0 und wird in der kommenden Spielzeit 2023/2024 sensationell in der Königsklasse auflaufen. Sie spielen dort nicht für sich selbst, sondern für uns alle!

Seither stellt sich jeder Unioner die berechtige Frage: „Wann beginnt endlich die neue Saison?"

Eisern Union!
El Rubio

Mark Scheppert und El Rubio
Einheit Unnormal

128 Seiten
BoD GmbH
ISBN 978-3-7519-6701-3

www.markscheppert.de

Am 30. April 1986 geht der junge El Rubio erstmals an die Alte Försterei zu einem Spiel des 1. FC Union Berlin. Er ist kein Fan des Teams, aber die Stimmung ist grandios und die Jungs, die er im Stadion trifft, sind okay, wenngleich total asozial.

Das Halbfinale des FDGB-Pokals gegen Dynamo Dresden geht mit 1:2 verloren, doch auf dem Weg zum Bahnhof Köpenick trifft er ein Mädchen. Erstes Unionspiel, erste Unionerin, Gefühle …

Am 1. März 2020 fährt der erwachsene El Rubio wieder zu Union. Auch wenn sich seither im Stadionumfeld einiges verändert hat, ist die Stimmung nach wie vor fantastisch und die verrückten Typen von früher sind immer noch alle da.

Die Partie in der 1. Fußball Bundesliga gegen den VfL Wolfsburg endet 2:2. Es ist das letzte Heimspiel der Saison vor Publikum …

In 11 facettenreichen Geschichten steht eine besondere Gruppe im Mittelpunkt. Wird es der „Einheit Unnormal" gelingen, El Rubio mit dem Union-Virus zu infizieren?

„Dieses Buch macht so viel Spaß, wie ein Heimsieg an der Alten Försterei!"
Mikis Wesensbitter, Buchautor

Mark Scheppert
113 Minuten Brasilien

172 Seiten
BoD GmbH
ISBN 978-3-7543-3884-1

www.markscheppert.de

Was kann es für einen Fan der deutschen Fußball-Nationalmannschaft Schöneres geben, als zu einer Weltmeisterschaft nach Brasilien zu fahren? Nichts! Es ist ein Traum mit Zuckerhut.

Mark Scheppert hat sich genau diesen Traum im Jahr 2014 erfüllt, nicht nur, weil ihm geheimnisvolle Wahrsagungen und eine innere Stimme schon lange vorhersagten, dass Deutschland dort endlich wieder Weltmeister wird.
Begleiten Sie den Autor auf seiner abenteuerlichen Reise in faszinierende Städte, zu den schönsten Stränden des Landes und in den einzigartigen Regenwald.
Auf wilden brasilianischen Partys und bei epischen Stadionerlebnissen nähert er sich allmählich dem ultimativen Kick. Der Erlösung nach 24 titellosen Jahren.

>Kompliment! Obwohl ich Fußball mag, waren das Drumherum, das Emotionale, das Brasilianische, kurz: war das Gefühl das Spannendste.<
Sebastian T. Vogel, Lesebühnenautor

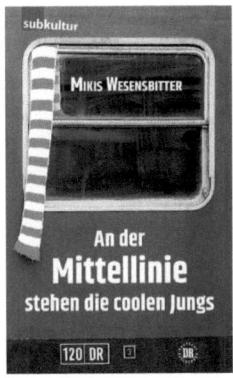

Mikis Wesensbitter
**An der Mittellinie
stehen die coolen Jungs**

224 Seiten
Periplaneta
ISBN: 978-3-948949-14-3

www.wesensbitter.de

Sommer in Ostberlin. Der 1.FC Union ist endlich wieder erstklassig. Für Mikis und seine Freunde Kai und Wenzel beginnt nicht nur die achte Klasse, sondern ein ganz neuer Lebensabschnitt. Schließlich darf man, wenn man 14 geworden ist, ganz andere Dinge tun als vorher.

Und so geht es zum ersten Mal ins Stadion an der Alten Försterei, die erste eigene Schachtel Semper muss organisiert werden. Und an den Geschmack von Bier muss man sich auch erst mal gewöhnen. Das ist aber nur der Anfang, denn da warten ja schließlich auch noch die Jugendweihe, die erste Rasur und vor allem, der erste Kuss ...

Es wird ein turbulentes Jahr werden.

Mikis Wesensbitter hat es wieder getan!

Er nimmt die Leser diesmal mit auf eine Zeitreise ins Jahr 1982. Hautnah und vollkommen nostalgiebefreit erzählt er, wie es wirklich war, damals im Osten, in den Stadien, Kneipen und Wohnzimmern eines nunmehr verschwundenen Landes, an dessen Untergang damals noch niemand geglaubt hat. Das ist authentisch, zuweilen verstörend, entlarvend, aber eben auch sehr lustig und erhellend.

Ein Buch für alle, die dabei waren und natürlich auch für jene, die den Osten nur vom Hörensagen kennen oder aus'm Westfernsehen.